the first time in my life

난생처음 사회생활

난생처음 사회생활

초판 1쇄 인쇄 2021년 3월 15일
초판 1쇄 발행 2021년 3월 20일

지은이 정은지
펴낸이 이태선
펴낸곳 창작시대사

주소 경기도 고양시 일산동구 장백로 20 동문굿모닝힐 102동 905호 (백석동)
전화 031-978-5355 **팩스** 031-973-5385
이메일 changzak@naver.com
등록번호 제2-1150호(1991년 4월 9일)

ISBN 978-89-7447-240-5   03190

the first time in my life

난생처음
사회생활

정은지 지음

사회생활 만렙 언니가 알려주는
사회초년생이 꼭 알아야 할
생생 사회생활 노하우

창작시대사

contents

Lesson 3 사회생활 만렙 무기 장착하기

Lesson 4 말과 태도에 품격이 담긴다

Lesson 5 인생의 운전대를 잡아라

이직만 10번 한 언니가 이야기를 들려주고 싶은 이유

사회로의 첫발을 내딛는 소감이 어때? 사회생활 2년 차, 3년 차가 되었지만 여전히 힘들진 않니? 그렇다면 이 차가운 사회에서 조금 더 수월하게 사는 방법을 사회생활 많이 해본 이 언니가 알려줄게.

누구나 사회에서의 첫 시작은 어렵고 힘들어. 누구든 겪는 일이야. 그렇다고 징징거리고 앉아 있을 수만은 없어. 아무도 일으켜주지 않거든. 주저앉았다면 다시 일어설 줄 알아야 해. 그 힘은 그 누구의 힘도 아닌, 나 스스로 키워나가야 하는 거야.

2007년, 내 나이 23살. 강원도에서 나고 자란 나는 '인 서울'을 꿈꿔왔어. 누구든 지방에 살다 보면 서울에 대한 동경심을 한 번쯤은 가지잖아. 나도 그랬어. 그래서 무작정 짐을 꾸려 서울로 올라왔어.

처음 서울에 올라왔을 땐 사람 구경, 차 구경 하느라 시간 가는 줄 몰랐어. 볼거리, 먹거리, 놀거리도 가득해서 즐겁기만 했었지.

그렇게 즐겁게 시간을 보내다 보니, 어느덧 14년이라는 시간이 흘렀어. 짧다면 짧고, 길다면 긴 시간 동안 마냥 즐겁지만은 않았어. 나름 한 성깔 한다고 생각했는데, 내가 만만해 보였던 건지 이상하게 사건들이 끊이질 않았거든.

'왜 나한테만 이런 일이 생기는 거지?'

'왜 나만 이렇게 힘든 거지?'

이런 생각들이 날 더 힘들게 했어. 하지만 다른 곳에서 이유를 찾는다고 달라지는 건 없었어. 서울에는 나 혼자뿐이었고, 나를 도와줄 수 있는 사람도 나뿐이었어.

타지에서 혼자 견뎌내는 것이 죽을 만큼 힘이 들어 정말 많이 울기도 했어. 그렇지만 내가 일어서야 문제를 해결할 수 있었기에 이를 악물고 버텨냈어.

그랬기에 지금의 내가 있을 수 있는 것 같아. 어떤 일이든 내가 그 일에 대해 잘 알아야 주변에 휘둘리지 않고 나아갈 수 있다는 것을 알게 되었어.

지금은 비슷한 일이 생기면 '왜 나에게만 이런 일이 생기는 거야?'라고 생각하는 것이 아니라 '이건 이렇게 하면 됐었지. 그럼 이렇게 한번 해봐야겠다.'라고 생각하고 행동하게 되었어. 몸과 마음이 모두 강해져 가는 것을 느낄 수 있었지.

이미 일은 벌어졌는데 어떻게 해야 할지 몰라서 발만 동동 거린다고 바뀌는 건 아무것도 없어.

요즘처럼 취업난이 심각한 때에 뉴스를 보면 사회초년생들 과 관련된 이야기가 많아. 대부분 안 좋은 뉴스지.

대출이 불가능한 사회초년생들을 유인해 허위서류로 대출 을 받아준 뒤 거액의 수수료를 챙기거나, 고액 일당 지급을 미끼로 사회 경험이 적은 사회초년생들이나 청소년들을 꾀어 보험사기에 연루시킨 일당과 같은 뉴스를 심심찮게 접하곤 해. 정작 피해를 입은 당사자들은 일이 벌어질 때까지도 사기 를 당했다는 사실을 인지하지 못하지.

이런 일뿐만이 아니야. 친구나 동료에게 속아 불법 다단계 에 빠지거나, 부동산 사기를 당하기도 해. 또 임금체불이나 교통사고를 당하는 등 사회생활을 하다 보면 정말 생각지도 못한 다양한 일들이 일어나.

누구에게나 일어날 수 있고 누구나 겪을 수 있어. 행복한 일 만 생기면 좋겠지만 현실은 그렇게 호락호락하지가 않더라.

아직 겪지 않은 일이라 하더라도 아는 것과 모르는 것은 큰 차이가 있어. 물론 가족이나 친구에게 하소연하고 도와달라고 할 수도 있지만, 당장 일이 벌어졌을 때 그들이 네 옆에 없다면 너무 힘이 들 거야.

나는 사회생활을 갓 시작한 이들이 혹시나 이런 힘든 일을 겪게 되더라도 좀 더 현명하게 대처할 수 있게, 또는 주변의 지인이 이런 일을 겪게 된다면 도움을 줄 수 있도록 알려주려고 해.

내가 무슨 자격으로 이러냐고? 이직만 10번 하면서 정말 많은 일을 겪었거든. 생각보다 나이 많은 언니이기도 하고 말이지.

그냥 인생을 좀 더 산 선배로서, 언니로서 이런 일이 생기면 방황하지 말고 스스로 이겨내라고 응원하고 싶은 나의 오지랖 때문이랄까?

나중에 일이 벌어지고 나서 방황하거나, 가족이나 누구에게도 얘기하지 못하고 끙끙 앓는 상황이 생기지 않길 바라는 마음으로 글을 쓰게 되었어.

사회생활을 처음 시작했거나 이제 몇 년 안 된 동생들이 좀 더 나은 사회생활을 할 수 있도록, 또 앞을 더 내다볼 수 있도록 다양한 이야기들을 들려줄게.

궁금하지? 잘 들어보길 바라.

the first time in my life

Lesson 1

난생처음 사회생활

내 글을 읽고 조금이라도 도움이 되었으면 좋겠어. 앞으로는 집을 구할 때 여러 정보를 검색해서 단단히 준비하고 가길 바라. 제도는 매번 바뀌고 업그레이드 되기 때문에 그때그때 알아보는 것이 가장 좋아. 새로운 보금자리에서 시작하는 삶이 아무 문제 없이 행복하길 바라고 축복해.

the first time in my life

the first time in my life

친구도 믿을 수 없다!
불법 다단계에 붙잡혔던 날

어느덧 대학을 졸업하고 자신을 책임져야 할 나이가 되었어. 집에서는 이제 다 컸으니 사회의 일원이 되래. 나도 뭔가 잘하고 싶고 해내고 싶은 생각이 들어. 전공을 살리기도 하고 전공이 아닌 일들을 알아보며 새로운 도전을 하기도 해. 하지만 워낙 취업난이 심한 시기라 쉽지는 않아.

무엇이든 해야 할 것 같은 생각에 아르바이트라도 구해보려고 여기저기 알아보지만 '이게 과연 내가 가려는 길인가?'라는 생각도 들어. 조급함은 사람을 벼랑으로 몰고 가기도 해. 그래서 어느새 안 좋은 길로 들어서기도 하지.

나는 대학교를 졸업하고 보건소 구강보건실에서 1년간 근무했어. 그리고 24살, 서울로 올라와 진짜 사회초년생으로서 첫발을 내딛었어.

두려움 반 설렘 반으로 한 치과병원에 입사했지. 그 당시 정말 힘들게 일했지만 보건소 근무이력은 인정해주지 않더라고. 그래서 내 첫 병원에서의 월급은 147만 원이었어. 147만 원, 크다면 큰돈이고 적다면 적은 돈.

처음 받은 월급으로 공과금, 월세, 생활비를 분리하면서 지출도 계획을 세워야 한다는 것을 알았어. 아무 생각 없이 사고 싶은 것, 먹고 싶은 것을 사면 세금을 낼 수 없고 결국 빚이 쌓인다는 것도 알았지.

147만 원으로 이것저것 내고 생활하다 보면 남는 것이 없어서 적금도 못 넣었어. 치과 일만으로도 너무 벅차서 다른 일은 해보겠다고 생각조차 못했지.

그러던 어느 날 대학 동기한테 오랜만에 연락이 왔어. 동기는 삼성역 부근에 있는 치과에서 일하고 있어서 삼성역에서 만나기로 했지.

동기가 밥을 사줘서 먹고 커피를 마시기로 했어. 카페로 이동하는 중에 동기가 부업을 하고 있다며 슬쩍 말을 꺼내더라고.

"나, 일도 하면서 부업으로 한 달에 몇 십만 원씩 벌어. 꽤 쏠쏠하니 좋더라고. 너는 부업할 생각 없어?"

"그래? 쏠쏠하다고? 부수입이 생기면 좋지. 그게 뭔데?"

난 친구의 말에 솔깃해서 따라나섰지. 그렇게 친구를 따라 들어선 카페는 바로 다단계 회사였어.

그냥 딱 들어서자마자 다단계라는 것을 느낌으로 알 수 있었어. 바로 나가고 싶었지만, 동기를 혼자 두고 나갈 수는 없었어. 내가 또 한 의리 하거든!

당연한 절차인 것처럼 내가 자리에 앉자마자 직급이 어느 정도 있는 사람이 와서 업무에 관해 설명하기 시작했어. 자기네 회사는 다단계가 아닌 '네트워크 마케팅 회사'래. 내가 이 일을 하게 되면 어느 정도의 이익을 얻을 수 있는지, 어떻게 하면 되는지 과정을 설명해주더라.

한 귀로 듣고 한 귀로 흘렸지. 나는 평소에도 '아니다' 싶은 건 절대 안 하는 성격이다 보니 바로 앞에서 콧방귀를 뀌었어. 그랬더니 그 위의 직급, 또 그 위의 직급이 와서 얘기하고, 결국엔 다이아몬드 직급까지 와서 설명을 해주더라.

'아, 이거 이렇게 듣기만 해서는 절대 이 굴레에서 못 벗어나겠다.'라는 생각이 들었어. 그래서 "저는 이거 할 생각 없고요. 친구한테 도움이 되는 거라면 제가 필요한 생필품 정도만 살게요."라고 말했어. 그리고 2~3만 원 정도 생리대랑 기타 비품 등을 샀어. 어차피 내게 필요한 거니까 큰 무리는 없었어.

내가 이렇게까지 하니 일단 내보내 주더라고. 동기는 날 따라와서 몇 번 더 설득해보려고 했지만 내가 요지부동이자 절대 다른 사람한테 자기가 하는 일에 대해서 말하지 말라고 신신당부를 하더라. 본인도 아는 거겠지. 이 일이 떳떳하지 못한 일이라는 걸. 그렇게 그 동기와의 관계는 거기에서 끝났어.

평소 종교도 없고, 사이비나 불법적인 것에는 전혀 관심도 없고 싫어했던 나였는데, 무슨 일이든 똑 부러지게 행동하는 나였는데, 그런 나도 이런 다단계에 올 수 있다는 사실에 놀라웠어.

정말 사람 일이란 어찌 될지 모르는 것 같아. '나는 절대 안 그래.'라고 생각하겠지만 언제 어느 때에 무슨 일이 생길지는 아무도 모르는 거야.

가장 중요한 것은 이런 일이 생긴다고 해도 당황하지 말고 굳건히 나의 신념을 지키고 흔들리지 말아야 한다는 거야. 그래야 안 좋은 일에서 '나'를 지킬 수 있어. 오직 나만이 나를 지킬 수 있다는 것을 명심해.

요즘엔 SNS의 발달로 다단계도 진화되었어. 언택트 다단계 들어봤니? 인스타그램이나 페이스북, 블로그 등 각종 통로를 이용해 사람들이 관심 가질 만한 뷰티나 부에 관련된 내용을 올리고 DM으로 문의를 달라고 해. 문의를 하면 또 바로 알려주지도 않아. 자세한 설명을 위해서 전화번호나 카카오톡 아이디부터 알려달라고 해. 이때부터가 시작이지.

일단 상대를 안심시키기 위해 줌(ZOOM)으로 얼굴을 마주 보며 대화를 시작해. 그리고 비전이 있고 전망이 좋다며 부업을 하라고 유혹해. 물론 좋은 제품일 수도 있어. 잘 활용하면 보탬이 될 수도 있겠지. 그런데 제품이 좋아서 사용하고 주변에 소개하는 것과, 다단계의 높은 곳으로 가기 위해서 접근하는 것은 달라. 내 마음가짐 자체가 달라지거든. 그러다 보면 나도 모르게 조급해지고, 무언가를 해야 할 것 같은 생각에 진짜 내 가치와 역량은 키우지도 못하고 엉뚱한 곳에 에너지를 쏟게 돼. 본말이 전도되는 거지. 정신 바짝 차리지 않으면 눈 뜨고도 코 베이는 게 이런 거야.

세상 물정 잘 모르는 청년들을 대상으로 휴대전화를 새로 개통하거나 통장을 개설하게 해서 결국은 신용불량자로 만드는 불법조직의 사례도 많아.

뉴스에서 다단계 업체에 피해를 본 사람들을 보며 그걸 왜 몰랐는지 이해가 안 됐는데, 나도 모르게 다단계 업체에 갔던 상황을 겪고 보니 생각이 달라지더라. 막막하고 답답한 상황에서 그런 것들을 마주하게 되면 판단이 흐려질 수 있을 것 같아.

만약 그런 상황이 생긴다면 될 수 있는 대로 빨리 도망쳐. 혹시나 피해를 입었다면 신속하게 대처해야 해. 피해 사실을 알자마자 초동대처를 잘 해야 피해를 복구할 가능성이 커져.

형사고소는 물론이고 피해를 복구하기 위한 손해배상 청구 소송도 진행할 수 있어. 물론 그 과정이 순탄하지는 않기 때문에 되도록 빨리 벗어나는 것이 최선이야.

사회초년생으로서 의욕이 넘치는 건 너무 좋아. 잘하고 싶은 마음도 충분히 이해해. 그렇지만 너무 조급해하지 마. 지금까지 열심히 달려오고 잘해온 만큼 사회는 그걸 알아줄 거니까.

마음이 조급해지면 실수가 일어날 확률이 높아져. 조금 천

천히 가도 괜찮아. 주위를 찬찬히 둘러보고 생각도 해보고 주변에 물어도 보고 그러고 나서 결정해도 늦지 않아.

네 인생에서 사회에 나가는 첫 시작이기에 신중하게 나아가길 바라.*

우리의 인생은 우리가 노력한 만큼 가치가 있다.
- 프랑수아 모리아크

the first time in my life

직장에서 '막내'로 살아간다는 것

와! 드디어 취업의 문을 통과해서 어엿한 직장인이 되었어! 정말 축하해! 그런데 직장생활이 녹록지가 않지? 생각했던 이상과 현실은 다를 수 있어. 그렇다고 벌써 실망하고 초반의 마음가짐이 무너진다면 그것 또한 문제가 될 수 있어.

어느 직장에 들어가더라도 직장의 막내가 되면 비슷한 생각을 가질 수 있어.

'왜 나만 힘든 것 같지?'

'왜 나한테만 일을 많이 시키지?'

'왜 내 입장은 생각해주지 않는 것 같지?'

직장 상사와 대화를 해볼까 고민하다가 동기나 친구들에게 하소연하지. 너희 회사는 어떠냐며 물어보기도 하고, 내 상황이 불합리한 것 같다고 토로하기도 하지.

그런데 있잖아. 그 고민의 근본적인 문제를 동기나 친구들이 해결해줄 수는 없어. 물론 털어놓으면 속은 시원하겠지만 그게 답은 아니야.

직장생활을 원활하게 하기 위해서는 마음가짐과 소통이 중요해. 너무 뻔한 얘기라고? 그래도 그런 뻔한 얘기가 가장 기본이자 중심이 되는 거야.

어른들 얘기가 잔소리 같고 듣기 싫지만, 경험에서 나온 정말 중요하고 핵심적인 것은 들어야 하는 것처럼, 직장 내에서도 반드시 지켜야 하는 것이 있어.

내 첫 직장은 보건소에 속해 있는 구강보건실이었어. 7급 공무원인 상사 한 명과 의사 한 명, 그리고 직원이라곤 나 하나였으니 내가 막내였지.

1년 가까이 일하면서 상사는 나에게 개인적인 업무를 자주 시켰어.

"드라이 맡긴 옷을 찾아오세요."

"주민등록증 갱신했는데 찾아오세요."

"간식거리 좀 사오세요."

심지어 몇 년 치 쌓여 있는 본인의 업무도 내게 넘겼어.

그 당시 보건소에서는 저소득층을 위한 보험 틀니 사업과 희귀난치병 사업을 하고 있었어. 그건 구강보건실의 업무였기에 당연히 해야 하는 일이었지만 상사는 아무것도 하지 않았어. 당연히 그 업무를 파악하고 내게 할 일을 지시해야 하는 위치에 있음에도 불구하고, 모든 것들을 내게 일임했어. 그래서 내가 모든 서류작업과 실무를 맡아서 해야 했어.

그 당시 내 마음은 부정적인 생각들로 가득 차 있었어.

'이건 내 업무가 아닌데 왜 나를 시키지?'

'너무 힘들다. 정말 하기 싫다.'

'내가 왜 여기서 이러고 있지?'

차마 직장 내에서 표출하지 못하고 꾹꾹 눌러 담은 화를 집에 가자마자 소리 지르고 물건을 던지면서 화풀이를 했어. 그렇게 소리를 지르고 나면 마음이 좀 풀리더라고.

마치 '임금님 귀는 당나귀 귀'처럼 속에 담아두면 정말 병이 날 것 같았어. 그렇게 1년 동안 나만의 방법으로 화를 풀면서 일했어. 그땐 정말 정신병에 걸릴 것만 같았지.

그 후 많은 시간이 흘러 지금 다시 돌아보니, 그때 했던 그 수많은 다양한 업무가 병원 생활에 큰 도움이 되었다는 것을 알게 되었어.

병원에서는 절대 알지 못하는 여러 사업을 실제로 실무에서 수행했었기에 바로 병원에 적용할 수 있었어. 그러다 보니 남들보다 빨리 실장으로 승진할 수 있었지. 그리고 내 나름의 스트레스 푸는 방법도 터득했고 말이야.

물론 그 당시 상사가 본인의 업무나 개인적인 일들을 나에게 시킨 것은 잘못되었다고 생각해. 하지만 그건 그 사람의 문제인 것이고, 그 일을 한 내가 잘못된 것은 아니니까. 그리고 그로 인해 내가 배운 것도 많기에 긍정적으로 생각하고 있어.

미국의 유명한 리더십 컨설턴트 린지 폴락은 이런 말을 했어.

"인내심을 가지고 경력 초기의 모든 것을 배움의 기회로 바라보세요."

맞아. 반복되는 업무도 놓치지 않고 하나씩 배워가는 것이 직장생활의 노하우가 되는 거야. 같은 현상이라도 다른 눈으로 바라보면 잘못된 상황도 쉽게 바꿀 수 있어. 별것 아닌 것들이 내 의견으로 바뀌고 더 좋은 업무환경이 된다면 사람들도 더 좋아하게 되고 말이야.

그런 것들이 쌓이면 나를 바라보는 시선과 평판도 달라지게 돼. 월급은 자동으로 올라가고 말이야. 그러니 그냥 대충 시간 때우는 식으로 일하는 건 곤란해. 그건 나를 막 대하는 것과 같아.

어차피 해야 할 일이라면 그 업무의 달인이 되어보는 거야. 최고가 되지 않아도 좋아. 업무를 완벽하게 이해하고 일을 할 때 진짜 '배움'이 일어나는 거니까.

시브 카에라라는 사람이 이런 말을 했어.

"긍정적인 생각과 결합된 긍정적인 행동은 성공을 불러온다."

긍정적인 생각을 가지고 꾸준히 실행에 옮겨 그 두 가지가 결합이 되면, 분명 지금보다 훨씬 나아지고 성공까지 불러올 수 있을 거야.

네가 어떻게 마음을 먹느냐에 따라 싫고 힘든 일만 하다 끝날 수도 있고, 경험이 큰 양분이 되어서 성장하는 데 도움을 줄 수도 있어.

그러니 어떻게 일할 것인지 잘 고민해봐. 그리고 그걸 글로 써봐. 왜 이 일을 하려고 하는 건지, 이 일을 통해 내가 얻고 싶은 것이 무엇인지, 5년 뒤 내 모습은 어떤 모습일지 등에 대해 써보는 거야. 그러면 내가 왜 이렇게 행동하는지 명확해져서 흔들림 없이 앞으로 나아갈 수 있어.

그냥 대충 머릿속으로만 생각하지 말고 꼭 글로 적어보길 바라. 종이에 적으면 이루어지는 마법 같은 일들을 경험할 수 있을 거야.

마음가짐이 잘 정리되었다면 직장 내 커뮤니케이션은 쉽게 따라올 거야. 소통이 원활하지 않으면 업무의 흐름이 끊기게 되고 오해가 생길 수 있어. 건강한 조직문화가 구축되어 있지 않은 곳을 가보면 대부분 '소통'에서 문제가 발생해.

사실은 별일 아닌데도, 말을 하지 않아서 혹은 말을 하더라도 비꼬거나 올바른 태도로 말하지 않아서 생기는 일들이 훨씬 많아. 그렇게 차곡차곡 쌓인 불만들이 한 번에 터지면 감당할 수 없는 일들이 생기기도 해.

그럼 소통을 어떻게 해야 할까?

내가 어떤 말을 하더라도 받아들이는 태도가 다르면 서로 다른 해석을 할 수밖에 없어. 내가 내 생각을 정확하게 말하는 것은 그저 전달일 뿐이지 소통이 아니야.

소통이라는 것은 얼마나 정확하게 설명했는지도 중요하지만, 상대방이 어떻게 받아들이는지 관찰하는 것도 중요해. 내가 개떡같이 말해도 찰떡같이 알아듣는 사람이 있고, 내가 찰떡같이 말해도 개떡같이 알아듣는 사람이 있기 마련이야.

상사나 선배에게 말을 전달할 때도 그렇고, 선배가 되어서 후배에게 말을 할 때도 마찬가지야. 말을 할 때 상대가 제대로 이해했는지 확인하고, 상대가 전달한 내용도 내가 이해한 것이 맞는지 한 번 더 질문을 통해 확인하는 것이 중요해. 그래야 오해가 안 생기고 실수하는 일을 미리 방지할 수 있어.

《언어의 온도》라는 책에 "말과 글에는 나름의 따뜻함과 차가움이 있다."라는 말이 나와. 우리가 잘 알고 있는 '아 다르고 어 다르다'라는 말이야.

그 책에 보면 저자의 어머니가 병원에 입원하신 이야기가 나와. 그런데 그 병원의 원장님이 어머님께 '환자분'이라는 호칭을 사용하지 않고 '김 여사님', '박 원사님'이라고 부르더래. 그래서 여쭤보았더니 의사가 "환자에서 환(患)이 아플 '환'이잖아요. 자꾸 환자라고 하면 더 아파요. 병원에서는 사람의 말 한마디가 의술이 될 수도 있어요."라고 말했대.

같은 병원종사자로서 정말 너무 멋진 생각에 감동했어. 이처럼 내가 어떤 생각으로 말하느냐에 따라 상대방에게 독이 될 수도 있고 약이 될 수도 있는 거야.

그러니 이렇게 당부할게. 첫 직장에 입사하면 꼭 내 마음가짐을 단정히 하고, 직장 내에서 오해가 생기지 않도록 소통하는 태도를 보이도록 해보자.

이런 말 하는 내가 꼰대라고 생각할 수도 있을 거야. 그렇지만 '기본'이 중요하다는 것. 그걸 잊지 않을 때 내 직장생활은 탄탄대로가 펼쳐질 거야.＊

가능하면 다른 사람의 실수를 통해 내 실수를 예방하는 것이 좋다.
- 워런 버핏

the first time in my life

집에 도둑이 들었다! (feat. 등잔 밑이 어둡다)

내가 처음 서울에 올라와 살던 곳은 성북구 돈암동에 있는 다세대 주택 1층이었어. 그 건물은 CCTV 설치가 안 되어 있었고, 화장실도 창문이 달려 있었어. 건물은 아무나 쉽게 출입할 수 있는 여닫이 유리문이었지.

그런데도 집이 마음에 들었던 이유는 지하철 역과 버스정류장이 가까웠기 때문이야. 아무래도 어디를 가든 편하게 갈 수 있잖아. 그리고 바로 집 앞에 24시 편의점이, 1분 거리엔 성북 경찰청이 있었기 때문에 안전할 거라고 생각했어.

무엇보다 집 평수에 비해 월세가 저렴했거든. 다른 여러 가지 불만들은 있었지만, 그 당시엔 신경 쓰일 정도는 아니었어. 그래도 나름대로 안전에 신경쓴다고 현관문은 열쇠가 아닌 도어락을 설치했고, 도어락 비밀번호는 내 휴대폰 번호로 설정했지. 이게 사건의 발단이 된 거야.

어느 날, 집 근처를 지나가는데 어떤 남자가 달려와서 휴대폰이 없다고 전화 한 통만 쓰자고 하는 거야. 전화 한 통 쓰는 거야 어렵지 않으니 알겠다고 했지. 그 남자는 어딘가로 전화를 걸더니 안 받는다며 다시 휴대폰을 돌려주었어.

그때 난 친구와 함께 있었는데, 친구는 "야, 너한테 관심 있어서 그런 거 아냐? 내가 보니까 어떤 남자들이랑 있던데, 너한테 전화를 왜 빌려달라고 하겠어?"라고 했어. 나는 "그런가? 설마." 하고 이 일을 금방 잊어버렸어.

그리고 며칠 뒤, 평소보다 일이 일찍 끝나 뭘 할까 고민하다가 친구에게 우리 집에서 자자고 졸랐어. 우리는 함께 집에서 신나게 놀다가 잠이 들었어. 그런데 갑자기 친구가 옆에서 날 깨우는 거야.

"야, 문 비밀번호 누르는 소리가 나는데?"

나는 비몽사몽간에 우리 집일 거라고는 생각 못하고 "어떤

XX가 새벽에 남의 집 문을 열어?" 하고 소리를 쳤어. 그러고 선 둘 다 조용히 있었는데, 한 10초 정도 지났을까? 그 당시 5월이라 창문이 열려 있었는데 창문 사이로 사람이 걸어 나가는 발소리가 아주 천천히, 저벅저벅 하고 들리는 거야.

그 순간 너무 무서워져서 바로 엄마와 언니에게 전화를 하고, 확인을 위해 형광등을 켰더니 현관문이 아주 살짝 열려 있었어. 우리 집 도어락 비밀번호를 풀고 들어오려고 했던 거였어.

곧 경찰이 왔지만 아무 피해가 없다는 사실에 특별히 다른 조치를 해주지 않자 전화로 언니가 경찰에게 화를 내면서 "제대로 확인하셔야 할 것 아니예요! 이런 일이 또 일어나면 책임지실 거예요?"라고 소리쳤어.

경찰도 그제야 다른 팀을 요청했어. 얼마 뒤 드라마에서나 봤던 과학수사대 팀이 도착했어. 과학수사대는 지문 채취도 하고 사진도 찍고 이런저런 확인을 하고 돌아갔어.

다음 날 바로 결과가 나왔는데 도어락과 현관문, 건물 출입문에 온갖 면장갑 자국이 있더래. 단순 도둑질이 아니라 계획 범행이었던 거지. 주변에 CCTV가 없고 지문도 나오지 않아서 결국 범인을 찾을 수는 없었어. 경찰이 자주 순찰하겠다고는 했지만, 범행이 언제 일어날지 알 수 없으니 늘 긴장하면서 다녀야 했지.

내 생각에 범인은 사건이 일어나기 며칠 전 내 휴대폰을 빌려달라고 했던 그 사람인 것 같았어. 그 당시 도어락 비밀번호가 내 휴대폰 번호였고, 서울에 날 아는 사람은 거의 없었으니까.

그렇지만 심증만 있고 물증이 없으니 뭐라고 말할 수가 없었어. 괜히 보복 당할까 봐 두렵기도 해서 경찰에 말도 못 했지. 지금 생각해보면 그때 얘기할 걸 그랬나 싶기도 해.

대신 안전을 위해 지문이 닿아야만 눌러지는 도어락으로 교체하고, 안쪽에 문을 걸 수 있는 보조 장치를 하나 더 달았지. 그 뒤로 같은 일이 일어나진 않았지만, 화장실 문을 통해 누군가 들어오려고 시도를 한 적은 있었어.

그런 집에서 1년 정도를 더 살다가 이사를 하게 되었을 땐 무엇보다 방범, 보안에 철저히 신경을 썼어. 외부인이 쉽게 출입하지 못하는 건물인지, 1층이 아닌 2층 이상인지, 화장실에 창문이 있는지 등을 꼼꼼하게 살폈어.

모든 창문에 보안장치도 달았지. 그때 사건으로 막 트라우마가 생기거나 하진 않았지만, 무의식적으로 신경이 계속 쓰였던 것 같아.

'만약 당시에 친구와 같이 있지 않았다면 나는 무사할 수 있었을까?'라는 생각을 한 번씩 해. 요즘같이 흉흉한 세상에서 혼자 사는 사람이라면, 특히나 여자라면 범죄로부터 취약할 수 있어.

대검찰청의 범죄분석 자료에 따르면 살인, 강도, 방화, 성폭력 등 강력 범죄로 인한 여성 피해자는 2010년 2만 930명에서 2017년엔 3만 490명으로 증가했다고 나와. 아마 지금은 더 높겠지?

혼자 사는 여성의 집에 남성이 나체로 침입 시도를 했다는 뉴스를 보기도 했어. 여성을 상대로 한 범죄들이 크고 작게 동시다발적으로 일어나고 있으니, 나는 괜찮을 거라는 안일한 생각보다는 보안에 신경 쓰고 스스로 자신을 보호해야 해.

꼭 비싼 돈을 들이지 않더라도 안전하게 설치할 수 있는 장치들이 많이 있어. 현관문 안쪽에 안전 고리를 다는 보조키는 무조건 필수고, 그 외에 경보기를 장착하는 방법도 있어.

방범창을 통째로 뜯어서 침입하는 경우도 있는데 이럴 땐 '창문 스토퍼'라는 장치를 끼워 놓으면 창문이 완전히 열리지 않아서 사람이 들어올 수 없어.

그리고 각종 우편물과 고지서는 이메일로 받는 것이 좋아. 우편물을 통해서 내 개인 정보가 유출될 수 있어. 택배도 요즘엔 안심 무인택배 서비스를 운영하는 곳이 많지. 이런 것을 활용하는 것도 좋아.

조금만 조심한다면 충분히 범죄를 예방할 수 있어. 이렇게 스스로 조심하고 주의를 기울인다면 안전하게 내 삶을 누릴 수 있을 거야.

중요한 건 건강과 안전이라는 것을 잊지 마.＊

이 세상에 기쁜 일만 있다면 용기도 인내도 배울 수 없을 것이다.
- 헬렌 켈러

04

난생처음 집 구하기 (부동산 갑질 피하는 법)

/
/
/

나의 첫 보금자리였던 돈암동 집은 여러 가지 문제가 있었어. 서울에서 처음 살게 된 곳이고 아는 것도 없어서 자세히 알아보지도 못하고 덜컥 계약부터 했는데, 한참 살고 나서야 문제가 많다는 것을 알았어.

그때 살던 집은 한 집이었던 곳을 두 공간으로 분리해서 각각 세를 주었던 곳이었어. 그래서 두 가구당 계량기도 하나, 보일러 버튼도 하나였어. 내가 쓰지 않아도 무조건 전기세, 가스비를 반으로 나눠서 내야 했어. 수도세는 건물 전체에 나온 비용을 세대마다 나누어서 지급하게 했어. 나는 혼자 살았고 집에 머무는 시간이 많지 않았지만 공과금이 꽤 나왔었지.

이런 상황에서 도둑 사건이 터진 거야. 집주인은 불안해하는 나에게 나가줬으면 좋겠다고 계속 다그치기 시작했어. 내가 "이런 부분이 불안해요. 조치 좀 취해주세요."라고 계속 요구하니까 귀찮았던 거지.

그러던 어느 날 퇴근하고 집에 와보니 보일러 버튼이 안 눌러지는 거야. 씻어야 하는데 온수 버튼이 안 눌러져서 집주인에게 전화를 했어.

"보일러가 안 돼요. 망가진 것 같아요."

그랬더니 집주인이 "문제가 있는 것 같아서 버튼을 옆집으로 옮겼어요. 앞으로 보일러 쓸 때 옆집에다가 말하면 돼요."라는 거야.

이게 무슨 말인지. 나한테 말도 없이 내 집에 들어온 것도 그렇고, 내 집에서 내가 보일러를 쓰는데 왜 옆집에 일일이 말을 해야 하는 건지. 이건 완전 나에게 갑질 한다는 생각이 들었어. 도둑이 들었어도 1년을 더 버텼는데 그 사건으로 화가 나서 2주 만에 집을 알아보고 이사를 하게 됐어.

그때 나는 임대인이 계약 만료 1~6개월 전 사전 통보가 아닌 일방적으로 계약해지를 요구할 시, 이사 비용과 부동산 수수료 등을 임대인에게 청구할 수 있다는 것을 몰랐어. 그래서 하나도 보장받지 못했지.

집주인이 갑질을 해서 어쩔 수 없이 쫓겨나듯이 나가는 건데도 '법'을 몰라서 억울하게 당하고 말았어. 그때 알았어. 살아가면서 늘 좋은 집주인, 좋은 부동산을 만난다는 보장이 없으니 내가 직접 알아보고 내 권리를 찾아야 한다는 것을 말이야.

나는 그동안 혼자 서울에 살면서 이후 3번의 이사를 더 했고, 그때마다 피해를 보지 않기 위해 정말 많이 알아봤어. 부동산에 가서도 여자 혼자라고 무시당할까 봐 많이 아는 척하기도 했지.

26살, 두 번째 집을 알아보러 간 부동산에서도 사회생활의 녹록지 않음을 뼈저리게 느꼈어.

분명 내가 말한 조건과는 전혀 관계없는 이상한 집을 자꾸 보여주는 거야. 두 명의 부동산 중개사는 번갈아가며 누가 봐도 이상한 집을 너무 좋다며 입에 침이 마르도록 칭찬하는 거야. 내가 어리니까 우스워 보였는지 바람잡이를 내세웠던 것 같아.

몇 년 뒤 또 이사하게 되었을 때도 마찬가지였어. 제일 안 나가는 집들을 늘 먼저 보여주었어. 한숨부터 나왔지. 그래서 "이런 집 보여줄 거면 보여주지 마세요."라고 당당하게 말했어. 그렇게 말하고 나니 거짓말처럼 정말 괜찮은 집들을 보여주기 시작했어.

너무 우습지 않아? 말을 안 하면 만만하게 보고, 말을 해야 예의를 갖추는 이상한 사람들을 볼 때마다 동물의 세계가 떠올라. 약육강식의 동물의 세계에서처럼 먼저 큰소리를 쳐야 깨갱하는 사람들. 가만히 있으면 가마니로 보더라고. 조용히 살고 싶어도 나를 가만히 내버려두지 않는 사람들 때문에 자꾸만 독해지는 나를 보게 돼.

그렇게 늘 여러 곳을 돌다 맨 마지막에 보여주는 집이 제일 멀쩡한 집이었지. 정말 이사할 때마다 실험대 앞에 선 기분이야. 정신 똑바로 안 차리면 어느 순간 이상한 집을 계약하고 있는 나를 발견하게 될지도 몰라.

나처럼 **뺑뺑**이 돌고 싶지 않으면 처음부터 부모님이나 어른과 함께 가면 돼. 만약 그게 여의치 않다면 꼭 처음부터 제대로 말해야 해. "저 안 어리고요. 알 것 다 알고 있고 법적인 절차도 충분히 알고 왔으니 장난치지 말고 제대로 된 집 보여주세요."라고 말이지. 눈을 바라보고 단호하게 요구하면 더는 장난치는 일은 없을 거야.

자, 그럼 이제 마음에 드는 집을 찾았으면 다른 사람이 먼저 집을 계약할 수 있으니 임시계약을 먼저 걸어야겠지? 임시계약도 계약이기 때문에 부동산 대리 계약을 하더라도 계약금은 무조건 임대인의 계좌로 입금해야 해. 그리고 임시계약은 보통 보증금의 10%가 아닌 일부 조금만 받아.

예를 들어 보증금이 1000만 원이라고 한다면 10~30만 원 정도를 받아. 그리고 본 계약을 하게 될 때는 보증금의 10%를 입금하는데, 앞서 말한 부동산 대리 계약일 시에는 반드시 법적으로 유효한 대리권을 임대인에게 부여받았는지 확인해야 해.

그리고 인감도장이 날인된 위임장과 인감증명서, 신분증도 확인한 후 계약서에 첨부해야 해. 만약 이를 거부한다면 계약을 하지 않는 게 좋아.

집주인과 통화를 해서 계약에 필수적인 내용을 녹취하여 확인해보면 좀 더 안전하게 진행할 수 있어.

이어서 계약을 진행한다면 부동산 등기부 등본을 확인해야 해. 부동산 등기부 등본이란 사람의 주민등록처럼 부동산이 처음 태어나면서 만들어지는 문서야.

등기부 등본을 보면 언제 누가 지었는지, 면적은 얼만지, 몇 층인지, 누가 누구에게 팔았었는지, 지금은 누구 것인지, 건물을 담보로 대출받은 적은 있는지 등 건물의 역사와 권리를 알 수 있어. 쉽게 말해 건물의 주민등록등본 같은 거라고 이해하면 돼.

그래서 계약할 집의 등기부 등본을 보고 그 집에 저당권이 설정되어 있는지, 담보대출이 있는지 등을 확인해야 해. 그렇지 않으면 나중에 그 집이 경매에 넘어가거나 문제가 생겼을 때 네 보증금을 돌려받기 어려울 수도 있어.

그리고 네가 전세대출을 받아서 집을 계약할 시에도 계약할 집에 담보가 많이 잡혀 있다면 전세대출을 받기 어려워.

만약 네 보증금 액수를 보호받을 수 있고 전세대출 금액보다 낮은 정도의 담보라면 계약해도 괜찮아. 단, 잔금 지급 시에도 확인을 다시 한 번 하는 것이 좋아.

잔금 지급까지 해서 계약서 작성을 완료했다면, 추후에 경매 등의 사건이 생길 시 우선순위로 보장받을 수 있도록 가급적 이른 시일 안에 전입신고를 하는 것이 좋아.

요즘에는 서류 위조를 방지하고 코로나 사태로 대면 거래가 꺼려지는 상황에서 활용할 수 있는 '부동산거래 전자계약 시스템'이라는 것이 생겼어. 이젠 부동산 계약도 언택트 시대가 온 거야.

도장이나 계약서가 필요 없고 주민 센터를 방문하지 않아도 확정일자가 자동으로 부여가 돼. 개인 정보도 암호화되어 안전하고 대출금리 인하, 등기 수수료 할인 등의 다양한 혜택도 받을 수 있어. 이런 좋은 제도를 모르는 사람들이 아직 많아 안타까워.

갈수록 부동산 사기 사례들이 많이 생기고 있다고 해. 내 직장 동료 지인도 이중계약 사기를 당했다고 하더라고. 이런 일들은 주로 처음 계약을 진행하는 아무것도 모르는 사람들을 대상으로 일어난다고 하니 잘 알아보고 똑똑하게 진행해야겠지.

계약이 만료되어 이사를 할 때도 주의해야 할 점이 있어. 네가 집 계약 만료로 이사를 하려고 한다면 최소한 3개월 전에 말해주는 것이 좋아.

그런데 계약 기간과 상관없이 집주인이 보증금을 세입자가 구해져야만 돌려준다고 해서 보증금도 받지 않은 채 먼저 이사를 해버리게 되면 곤란해. 이사를 하게 되면 기존에 임차인으로서 갖고 있던 대항력(제삼자에게 임차권을 주장할 수 있는 권리)과 우선변제권이 상실돼. 그래서 될 수 있는 대로 보증금을 받고 이사를 하는 것이 안전해. 그렇지 않으면 소중한 내 돈을 잃을 수 있어.

상황이 여의치 않으면 법원에 임차권등기명령을 신청하도록 해. 그러면 이사를 하더라도 대항력과 우선변제권이 그대로 유지되어서 보증금을 안전하게 보호받을 수 있어. 복잡하더라도 이렇게 내 돈을 보호할 수 있는 안전장치를 마련해야 해.

또 계약서에 '갑작스러운 계약 해지를 할 시 이사비나 부동산 수수료 등을 보장해준다' 등의 사항을 추가하는 것도 좋아. 그동안 계약서를 쓸 때 집주인에게 끌려 다녔다면 이제부터라도 당당하게 이런 요구도 하면서 내 권리를 찾아야 해.

아는 만큼 보인다고 하잖아. 나 또한 몰랐기에 억울한 일들을 많이 겪었어.

내 글을 읽고 조금이라도 도움이 되었으면 좋겠어. 앞으로는 집을 구할 때 여러 정보를 검색해서 단단히 준비하고 가길 바라. 제도는 매번 바뀌고 업그레이드 되기 때문에 그때그때 알아보는 것이 가장 좋아. 새로운 보금자리에서 시작하는 삶이 아무 문제 없이 행복하길 바라고 축복해.＊

05

뒤통수를 조심해

/

/

/

"다 내 마음 같지 않네."

이런 말 한 번쯤은 해본 적 있을 거야. 광화문에서 직장생활을 할 때였어. 그 병원에는 두 명의 26살 동갑 코디네이터 선생님이 있었는데, 둘 다 기존 전공과는 완전히 다른 병원 일을 하고 있었어. 그 당시 나는 새로 들어온 실장이었고, 그 친구들은 병원 생활이 이제 6개월쯤 접어들 때여서 한창 적응하느라 힘들어하고 있었지.

새로운 분야에 도전한다는 것은 쉬운 일이 아니기에 대단하다고 느끼면서도, 그녀들이 잘 배울 수 있도록 도와주고 싶었어. 그래서 퇴근 시간 이후에도 시간을 내어 많은 것을 알려주기도 하고 맛있는 것도 자주 사주곤 했어.

어느 날인가 한 친구가 엄마와 이태원에 간다며 맛집 추천을 해달라고 해서 두세 곳을 추천해줬어. 가격대를 물어보기에 "메뉴당 2~3만 원 정도 해."라고 말해주었더니, "아~ 너무 비싸네요. 제 월급으로는 못 먹겠어요." 하는 거야. 아는 곳이 많지 않아 더 알려주진 못했어.

또 어느 날엔, 퇴근 후 장어구이를 먹으러 가자는 거야. 나는 장어를 좋아하지도 않았고, 운동하러 가야 해서 "오늘은 시간이 안 돼, 다음에 같이 먹자." 하고 가려는데 "실장님이 같이 가야 돈 굳는데, 카드만 주고 가시면 안 되겠죠?"라는 거야.

순간 '얘네들이 날 대체 뭘로 보는 거지?'라는 생각이 들었지만 그냥 웃으면서 "다음에 같이 가자." 하고 넘겼어.

그런데 얼마 지나지 않아 별거 아니라고 생각했던 일이 별거가 돼서 돌아왔어.

"정은지 실장님, 잠시 이야기 좀 해요."

관리 부장님이 갑자기 날 호출한 거야. 상담실에서 대화를 나누는데 관리 부장님이 이런 말을 하는 거야.

"실장님. 직원들한테 '나는 월급이 많아서 이런 비싼 곳에서도 밥 먹을 수 있는데 너는 이런 곳에서 먹기 힘들지?'라면서 본인 월급 자랑했다면서요?"

나는 정말 너무 당황스러웠어. 아니라고 억울하다고 설명했지만 관리 부장님은 내 말을 들어주지 않았어. 사회성이 떨어진다며 내게 퇴사를 요구했지. 그때가 직장을 들어간 지 3개월이 조금 넘었을 때야.

퇴사 강요가 계속되어서 어쩔 수 없이 직장을 그만두게 되었어. 너무 화가 난 마음에 그 친구에게 어떻게 그렇게 말을 할 수 있냐고 했더니 "전 그런 적 없어요."라고 하더라.

나는 마음을 열고 다가갔는데 돌아오는 현실은 뒤통수라니. 씁쓸하더라. 정말 내 마음 같지 않더라.

벼룩시장 구인구직에서 소셜 네트워크를 방문한 남녀 직장인들을 대상으로 설문 조사를 했는데 99.4%가 '직장생활 중 뒤통수를 맞아본 경험이 있다'라고 응답했어.

뒤통수의 유형은 다양했어. 뒷담화, 왕따, 근거 없는 루머 등 정신적인 피해가 가장 크게 나타났어. 직장 내에서 열심히 일만 하면 되지 왜 이런 일들이 발생하는 걸까?

하버드 대학의 존 파운드와 리처드 제하우저의 〈월스트리트 저널〉에 실린 칼럼에 그 이유가 잘 나타나 있어. 이들은 소문 42개를 수집해서 진실 여부를 추적해보았다고 해. 그런데 이 가운데 43%만이 사실인 것으로 확인이 되었어. 반도 안 되는 수치가 진실이라니. 정말 너무 놀랍지 않아?

사람들은 공동의 적이 있으면 서로 뭉치고 동질감이 강해지면 이런 거짓말도 스스럼없이 하게 된다고 해. 자신들을 지키기 위해서 말이지. 그게 말도 안 되는 것이라고 하더라도 말이야.

심리학자 프리츠 하이더(Fritz Heider)의 균형 이론을 보면 더 흥미로워. 직장에 세 명의 직원이 있으면 한 명은 반드시 따돌림을 당하게 된다는 거야. 둘은 서로 동질감을 느끼면서 빠르게 친해지고 말이지. 그리고 이 둘은 '비밀을 공유한 서로 믿을 수 있는 특별한 사이'라는 느낌을 받는다고 해. 공동의 적이 있으니 둘이 똘똘 뭉치는 거지.

참 이상하지? 꼭 그렇게 편을 가르고 '네 편', '내 편' 해야 하는 건가? '내 편' 아니면 다 악당은 아닌데 말이지.

맞으면 너무 아픈 뒤통수, 어떻게 미리 예방할 수 있을까? 뒤통수를 맞지 않기 위한 퍼펙트한 방법을 알려주면 좋겠지만, 상황에 따라 발생할 수 있는 문제라 이것에 대한 완벽한 정답은 없어. 그래도 내가 경험한 것을 토대로 최대한 뒤통수를 맞지 않기 위한 방법 세 가지를 알려줄게.

첫째, 언행이 불일치하거나 사람마다 대하는 언행이 일관되지 않은 사람은 조심해야 해. 나에게만 당장 잘한다고 해서 좋은 사람이 아니야. 다른 사람들한테도 어떻게 하는지 봐야 해. 다른 사람에게 독화살을 쏘고 있다면 언젠가 그 화살이 나를 겨냥할 수도 있어.

둘째, 네가 할 수 있는 만큼만 해. 네가 아무리 호의로 대해도 상대방은 나랑 다른 마음일 수 있어. '나는 이렇게나 잘해줬는데, 나를 이용하기만 하다니!' 이런 생각이 들 수도 있기에 처음부터 딱 네가 할 수 있는 만큼만 해야 하는 거야.

내가 10을 주었다고 해도 상대방은 내가 아니라서 10을 받았다고 생각하진 않아. 너무 과하게 잘해주려거나, 준 만큼 바라는 마음을 내려놓는 것이 필요해.

셋째, 뒤통수를 맞았을 때 '내가 뭘 잘못했나?'라며 스스로 자책하면서 자괴감에 빠지지 마. 너를 뒤통수 친 사람이 문제인 것이지 네가 문제인 것이 아니니까. 당신은 충분히 괜찮은 사람이고, 당신을 진정으로 아껴주고 좋아하는 사람들이 있다는 것을 기억해.

씁쓸한 아메리카노에 달달한 시럽을 넣어 쓴맛을 중화시키듯이, 여러 명이 함께 일하는 곳에 자연스럽게 녹아들기 위해서는 매개체가 필요하겠지만 뒤통수의 뒷맛은 전혀 달콤하지 않아. 그 뒷맛을 느끼지 않으려면 내가 말한 세 가지를 꼭 명심해. 그리고 뒤통수치는 사람이 아닌 뒤통수를 지켜주는 사람이 되어줘.＊

절망에 대한 가장 확실한 해독제는 믿음이다.
-키르케고르

the first time in my life

직장 내 성희롱, 나를 보호할 권리

/
/
/

농담으로 한 말이었을 뿐이다? 직장 내에서 성희롱을 한 사람들에게 물어보면 농담이었다고 말해. 그게 농담이라고? 장난으로 무심코 던진 돌에 개구리가 맞아 죽는 것처럼, 당한 당사자는 지울 수 없는 마음의 상처를 안고 살아가야 하는데 그게 농담이라니. 요즘 농담은 남한테 상처 줘야 인정되는 건가 봐.

2016년 여성가족부에서 전국 성폭력 실태조사를 했어. 직장생활을 하면서 42.7%가 성희롱을 경험했다고 해. 나도 이와 같은 일을 겪은 적이 있어.

이직을 위해 제법 규모가 큰 병원에 면접을 보러 갔어. 이 병원은 관리 부장님이 1차로 면접을 보고, 2차로 원장님 면접을 보는 곳이었어. 1, 2차 면접이 끝난 후 관리 부장님은 "원장님이 선생님을 맘에 들어 하세요."라며 좋은 말들을 해주셨어.

나는 한껏 기분이 들떠 있었지. 그러다 관리 부장님이 슬쩍 말을 하는 거야. "성격이 정말 좋아 보이네요. 그런데 사람은 술을 마셨을 때 성격이 달라지기도 하던데, 술 마셨을 때의 성격도 한번 봤으면 좋겠는데."라며 나를 쳐다보았어. 이미 나는 기분이 좋은 상태였기에 어떠한 의심조차 하지 않았지. 그러자 "오늘 혹시 시간 되면 회식하고 갈래요?"라고 하더라고.

입사 조건도 좋았고, 마음에 들어 하시면서 바로 회식 얘기를 꺼내니 나는 당연히 가겠다고 했지. 그런데 단체 회식인 줄 알았던 내 예상과는 다르게 관리 부장님과 단둘만의 자리였던 거야.

속으로 불안했지만 '설마, 무슨 일이 있겠어?'라는 생각에 따라나섰어. 다행히도 병원 근처 고기 집으로 들어섰고 자주 오는 곳인지 이모님도 관리 부장님을 알아봤어. 그래서 마음을 조금 놓게 되었지.

저녁 6시. 퇴근할 때쯤이어서 저녁 식사 겸 반주를 하면서 면접 본 얘기를 나누는데 시간이 지날수록 점점 술을 과하게 권하기 시작했어. 내가 주춤하니 "생각보다 술이 약한 거 같네.", "나 이런 적 처음이야, 나도 내가 왜 이러는지 모르겠어."라며 갑자기 알 수 없는 이야기를 하는 거야. 그때부터 '아, 이건 잘못됐다.'라는 것을 느꼈어.

서둘러 자리를 마무리하고 일어났는데, 가는 방향이 같으니 같이 택시를 타고 가자며 중간에 내려주겠다는 거야. 나는 거절하지 못한 채 택시를 같이 타게 되었어. 택시 안에서 관리 부장님은 "나만 믿어, 내가 너 잘 밀어줄게."라며 은근한 눈빛으로 쳐다봤어. 그냥 멍하게 듣고 있다가 내릴 역에 다와서 급하게 인사를 하고 택시에서 내리려는 찰나 관리 부장님이 내 손을 꼭 잡는 거야. 그러면서 다시 말했어. 자기만 믿으라고.

관리 부장님은 나이가 50대 후반이었고, 나보다 나이가 많은 아들이 둘이나 있는 사람이었어. 딸뻘한테 이게 뭐 하는 짓인지 어이가 없었어. 입사하게 되면 이런 상황을 계속 겪게 될 것 같다는 두려움에 며칠 후 출근하라고 연락이 왔지만 "죄송합니다. 출근하기 힘들 거 같아요."라고 말했어. 결국, 조건 좋은 병원을 포기하게 된 거지.

아쉬운 마음에 '회식 자리에 가지 않았다면 괜찮았을까?', '택시를 같이 타지 않았다면 괜찮았을까?' 이런 생각들을 수 없이 했지만 아무리 생각해봐도 이건 나의 잘못이 아니었어. 이런 행동을 한 상대방의 잘못인 거야.

만약 절대로 있어서는 안 되지만 혹시라도 이런 일을 겪게 된다면 절대로 자신을 탓하면 안 돼. 나 같은 경우에도 처음 겪는 일이었고, 어떻게 대처해야 하는지 몰라서 덮어버리게 되었지만 요즘은 이런 일들을 방지하기 위해 매년 기업에서 성희롱 예방 교육도 의무적으로 실시하고, 사람들의 의식 수준이 높아지면서 주위에서 도와주는 사람들도 많으니까 혼자 끙끙 앓지 않아도 돼.

성희롱을 한 사람은 3년 이하의 징역이나 1500만 원 이하의 벌금형을 받을 수 있어. 그만큼 가벼운 범죄가 아니야. 직장 내 지위를 이용하거나 업무와 관련되어 있다면, 근무 장소가 아니거나 근무시간 외라도 모두 직장 내 성희롱에 해당해. 임금 외에 별도의 금액을 지급하면서 사적인 만남을 요구하는 것도 해당해.

그런데 안타깝게도 상사의 위압적인 행동에 적극적으로 거부하지 못했다는 이유로 강제 합의가 되는 상황이 많이 발생한다고 해. 소극적인 거부는 인정이 안 된다는 거지. 이 부분은 앞으로 바뀌어야 할 부분이긴 하지만 우선 나를 지키기 위해서는 조금 용기를 내어 말해야 해. "하지 마세요.", "싫어요."라고 직접적으로 거부 의사를 밝힌다면 강제 합의 상황은 방지할 수 있어.

그리고 증거를 확보하는 것이 필요해. 성희롱을 당하고 있다면 녹취를 하거나 문자로 증거를 확보하는 것이 중요해. 증거를 확보했다면 국가인권위원회와 고용노동부에 신고할 수 있어. 고용노동부는 직접 그 사업장에 징계위원회를 열어 징계를 내리기도 해.

정신적 고통이 심한 경우라면 성희롱으로 인한 정신적 피해보상도 청구할 수 있어. 그 누구도 내 몸과 마음에 상처를 낼 권리는 없어.

오히려 피해가 될까 봐 숨어 있는 당신이 난 걱정이 돼. 숨어 있으면 '내가 잘못한 것'이 되어버려. 우린 잘못이 없잖아. 그러니 숨어 있지 말고 당당하게 나와서 적극적으로 소리를 내야 해. 당신이 예민한 것이 아니야. 자신을 소중히 생각하고 스스로 보호할 용기를 내기를 응원할게.

참으로 위대한 일은
언제나 서서히 이루어지고,
눈에 보이지 않게 성장해 가는 법이다.
참으로 중요한 일에 종사하고 있는 사람은
모두 그 생활에 있어서 단순하다.
왜냐하면, 그들은 쓸데없는 일에
마음을 쓸 겨를이 없기 때문이다.

ㅡ톨스토이

the first time in my life

Lesson **2**

관리도 능력이다

삶이 너무 힘들고 지친다면 잠시 여행을 떠나보는 것은 어떨까? 길지 않아도 괜찮고, 먼 곳이 아니어도 좋아. 굳이 해외가 아니어도 상관없어. 그저 내가 사는 이곳을 잠시 떠나 낯선 길을 한 걸음씩 걷는 것만으로도 활력이 샘솟을 거야.

the first time in my life

01

쉴 때 뭐 하니?

코로나19로 인한 경제 침체로 실업률이 높아지고 재택근무를 하는 등 일상생활에 변화가 생기고 업무환경도 달라지고 있어. 갑작스러운 실직과 환경 변화로 앞날이 막막할 것 같고 답답하겠지만 걱정만 해서는 달라지는 건 없어. 네 삶은 여기서 끝이 아니라 잠시 쉬어갈 뿐이야.

앞날의 생각으로 머리가 복잡할 땐 당장 뭐라도 하는 게 좋아. 평소 내가 하고 싶었던 취미생활을 즐기거나 배우고 싶었던 것에 도전하기도 하고 말이야. 막막한 생각만 계속 한다면 자기 자신을 스스로 가두게 되는 거야. 그럴수록 내가 예전부터 하고 싶었던 것들을 해보는 거야. 거창하지 않아도 돼. 어떤 것이라도 좋아.

나는 어릴 때부터 미술, 그림 그리기를 좋아했어. 잘하지는 못했지만 '유화 그림을 그려보고 싶다.'라는 생각을 종종 하곤 했어. 그러다 일을 쉬게 되면서 이럴 때 유화 그림을 그려야겠다고 생각하고 방법을 알아봤어. 요즘엔 유화 그림 세트를 살 수 있어서 쉽게 따라 그릴 수 있더라고. 괜찮은 그림 세트 여러 점을 구입해서 한 달 내내 그림에 집중하며 시간을 보냈어.

그림을 그리다 보면 집중이 되면서 다른 생각들을 잠시나마 접어두게 되고 그림이 완성될 때는 만족감이 들면서 뭔가 마음이 충족되는 느낌이 들었어. 꼭 그림이 아니더라도 몰입할 수 있는 것을 하면서, 근심을 조금이라도 덜 수 있으면 그걸로 된 거야.

이제 마음이 안정되었다면, 쉴 때 뭘 할지 구체적으로 생각해보는 거야. 쉬고 있는 이 시간은 나 자신을 업그레이드시킬 수 있는 금 같은 시간을 확보한 것과 다름없어. '위기가 곧 기회다'라는 말처럼 지금 상황을 잘 활용하는 거야.

"나는 뭔가를 배울 여건이 안 돼요."

해보려고도, 찾아보려고도 하지 않았다면 이런 나약한 소리는 넣어둬. 정부에서는 근로자나 구직자를 위해 돈은 적게 들이면서 자기계발을 할 수 있도록 내일 배움 카드제라는 것을 만들었어.

'내일 배움 카드'는 내가 배우고 싶은 분야에 대해 경제적으로 나라에서 지원해주는 제도야. IT 관련 자격증이나, 요식업, 바리스타, 세무 등 다양한 자격증을 취득할 수 있도록 300만 원 한도 내에서 지원해주고 있어. 배우는 과목의 종류에 따라서 100% 지원이 되거나, 30%의 금액만 부담하면 배울 수 있는 것들도 있어.

만약 사무직에 종사하고 있다면 컴퓨터 관련 기술 및 세무 등을 배워서 나의 가치를 높이는 거야. 가치가 올라간다면 연봉은 따라 올라갈 수밖에 없어.

그리고 나의 가치를 제대로 보여주는 것이 중요해. 내 자신에 대해서 내가 자세히 알려주지 않는다면 다른 사람은 알 수가 없어. IT 관련 자격증을 취득했다면 이력서에 'IT 자격증 보유'라고만 쓰는 것이 아니라 이 자격증으로 무엇을 어떻게 할 수 있는지를 보여주는 거야. 포트폴리오를 만들거나 간단한 영상작업을 해서 이런 일을 한다는 것을 보여주는 것도 좋겠지. 요즘에는 워낙 영상이 보편화 되어 있다 보니 기본적인 촬영과 편집은 잘 알 거라고 생각해. 이런 능력을 숨기지 말고 마음껏 발휘해 봐.

꼭 오프라인 세미나가 아니더라도 유튜브나 온라인 교육 플랫폼을 통해 많은 것을 간접 경험하거나 배울 수가 있어.

만약 서비스 업종에 근무했던 사람이라면 사람들 상대를 많이 할 테고, 이때 중요한 건 목소리의 톤과 말투, 발음이야. 어떤 목소리의 톤과 말투로 말을 하느냐에 따라 상대방의 기분을 좋게 할 수도 있고 상하게 만들 수도 있어.

그동안 중요한 건 알지만 발성이나 말투가 잘 고쳐지지 않았다면 이번 기회에 배우는 시간을 가져보는 것도 좋아. 쉬는 동안 매일 연습을 통해 좀 더 매력적인 목소리로 만든다면 재취업을 할 때 충분히 어필할 수 있어. 손가락 하나만 까딱 움직이면 수많은 정보를 얻을 수 있는 요즘 정말 공부할 맛이 나는 것 같아.

아니면, 새로운 도전을 해보는 것은 어때? 코로나19로 인해 언택트 문화가 일상화되면서 온라인으로 소통하고 대화하는 문화가 점차 커지고 있어. 굳이 사무실에 가지 않아도 어디서나 근무할 수 있는 환경이 자리 잡히고 있는 만큼 나만이 할 수 있는 경험과 노하우로 '창직' 하는 거야.

지금 세상은 빠르게 변화하고 있어. 기존에 인기 있었던 직업들은 사라지고 새로운 직업이 생기고 있어. 지금 이 순간에도 수백, 수천 개의 직업의 사라지고 생기고 반복되고 있어.

이런 변화 속에서는 특출하게 잘난 사람도, 못난 사람도 없어. 모두 똑같은 지점에서 출발하게 되는 거야. 변화된 세상에 끌려가기보다는 바뀌어 가는 세상에 빨리 적응하고 먼저 적극적으로 나아간다면 미래가 좀 더 풍요로워지지 않을까?

항상 위기는 갑작스럽게 올 수 있어. 그게 내 삶의 위기이든, 세상의 위기이든 말이야. 이때 움츠러들지 말고 앞으로 나아갈 용기만 있으면 돼. 이 세상에 '나'는 단 하나니까.＊

02

the first time in my life

삶의 활력을 주는 여행

/

/

/

어릴 적 소풍 전날엔 늘 설렌 마음으로 온종일 들떠 있었어. 1년 중 몇 번 없는 선물 같은 하루였지. 어느덧 나이를 먹은 우리는 매일 쳇바퀴처럼 돌아가는 일상을 살아가면서 지치기도 하고, 업무 스트레스로 고통 받기도 하지.

이럴 때 여행은 일상의 굴레를 벗어나게 해주고 소풍 전날처럼 설레는 마음이 들게 해. 그리고 좁은 시야에서 넓은 시야을 갖게 되는 계기가 되기도 해.

서른을 앞둔 29살 어느 날이었어. 친구의 "뉴욕에 가볼래?"라는 말 한마디에 난 인생 첫 비행기를 타게 됐어. 해외

여행이라고는 한 번도 가본 적도 없고, 생각도 해보지 않았는데 이건 꼭 가야겠다는 생각이 들었어.

그렇게 뉴욕 행 비행기에 탑승했고 13시간이라는 비행 시간이 지루할 틈도 없이 영화를 보고, 음식을 먹고, 잠을 자다 보니 어느덧 뉴욕에 도착해 있었어. 나는 평소에 영어를 잘하지 못하는 편이고 영어회화 학원에 다닐 때도 말 내뱉는 것조차 부끄러워하는 성격이야. 그런데 입국심사대를 통과할 때 내가 그들의 질문을 알아듣는 것이 신기했고, 그 질문에 열심히 영어 단어를 조합해가면서 한 내 말을 이해하는 외국인들도 신기했어. 그렇게 신기함과 설렘 속에 내 첫 해외여행이 시작된 거야.

'미국' 하면 좋은 이미지도 있지만 '총', '위험'이라는 단어가 떠오르기도 하잖아. 그래서 약간의 두려움도 있었는데, 맨해튼 관광명소라서 그런지 어디를 가든 사람들이 밝게 웃고 먼저 인사해 주더라고. 옷가게를 가도 모두 밝게 웃는 모습이 정말 인상 깊었어. 나도 같이 "Good morning!" 하고 인사했지.

어느 옷가게에서 흰색 H라인 원피스를 사서 입고 나오는데, 옆 칸에서 옷을 갈아입던 외국인이 내게 "Oh! beautiful!"

하고 외치는 거야. 나도 웃으면서 "Thank you."라고 답해 주었지. 짧은 영어지만 다른 나라에서 외국인들과 스스럼없이 대화할 수 있다는 것이 즐거웠어. 이래서 다들 영어를 배우러 어학연수를 가나 봐. 나도 좀 더 영어를 할 수 있었다면 더 많은 대화를 할 수 있었을 텐데 조금 아쉽더라고.

즐거운 기분을 한껏 안고 지하철을 타러 갔다가 깜짝 놀랐어. 정말 어둡고 퀴퀴한 냄새가 가득했거든. 깨끗하게 관리된 도시와 대비되는 땅 아래 지하철. 뉴욕의 이면을 볼 수 있었어.

미국은 굉장히 실용주의적 나라이기에 이렇게 절감한 부분이 뉴욕의 지하철인 것 같은 생각이 들었어. 우리나라와는 다르게 단순히 목적지까지 운송하는 교통수단일 뿐인 거지. 이용할 때 조금 냄새나고 불편하긴 하지만 운행 자체에 지장을 주는 것이 아니다 보니 사람들도 큰 불만이 없는 것 같았어. 오히려 그런 비용을 절감해서 필요한 곳에 쓰는 것이 맞다고 생각하는 것 같았어. 물론 그런 것도 좋긴 하겠지만 서울의 아침 출퇴근을 생각하니 뉴욕의 지하철은 눈살을 찌푸리게 했어.

맨해튼 여행을 하면서 가장 힘들었던 것은 음식이었어. 음식의 양도 많았지만, 너무 기름져서 여행 하루 만에 한인 식당을 찾을 정도였어. 외국에 나갈 때마다 음식이 입에 안 맞는 경우가 많아서 가끔은 '다이어트를 위해선 한 달 이상 나가 있어야 하나?'라는 생각도 들었어.

처음에 우려하고 걱정했던 일들이 일어나기도 했어. 갱단인지 그냥 일반인인지는 모르겠지만 기념품을 사기 위해 길거리 잡화상에서 조명이 들어오는 장식품 세 개를 샀는데, 세 개 넣는 척하면서 두 개만 넣은 거야. 호텔로 돌아온 뒤에야 그 사실을 알았지.

또 인적이 드문 골목을 걷는데 뒤에서 어떤 남자가 나를 쳐다보며 쫓아오기도 했어. 미국은 총기 소유가 가능한 나라잖아. 정말 너무 무서워서 도망쳤어.

아이러니하게도 인적이 드물어서 무서웠던 그 골목에 맛집이 있다고 해서 무서움을 뚫고 가서 랍스타 샌드위치를 먹기도 했어. 총보다 무시무시한 랍스타 샌드위치의 맛은 정말 지금껏 먹은 샌드위치 중 단연 최고였어.

타임스퀘어는 정말 너무 멋졌어. 도착하자마자 화려한 조명이 나를 감싸고 디즈니, 어벤져스 등의 캐릭터 분장을 한 사람들이 우리를 반겨주었어. 신나서 같이 사진 촬영을 했는데, 촬영하고 나니 돈을 달라고 하더라. 당황했었지. 미국뿐 아니라 필리핀에서도 친절을 베풀고 돈을 요구하는 일이 많아. 우리나라에서는 볼 수 없는 신선하고 충격적인 일들이었어. 그래도 새로운 것을 경험할 수 있었고, 그런 새로움이 재밌고 즐겁고, 생각도 넓혀주었어.

뉴욕 여행을 시작으로 용기가 생겨서 다른 나라들도 더 쉽게 가볼 수 있었어. 나도 여느 직장인들처럼 시간이 부족하고, 월급쟁이여서 돈이 풍족하지 않지만, 마음먹기에 따라 언제든 떠날 수 있는 것 같아.

직장인들을 위한 주말 코스도 있고, 여행사에서 만든 여러 가지 상품들을 비교해보고 내게 맞는 것을 선택하면 돼.

여행은 그 나라에 사는 다양한 사람들을 만날 수 있고, 계획하지 않은 길에서 즐거움이 있음을 느끼게 해줘. 그리고 낯선 곳에서의 경험은 반복되는 지루한 일상 속에서의 닫힌 마음을 열어주고 자유로움도 느끼게 해주는 것 같아.

여행은 도전과 비슷하다고 생각해. 나처럼 사기를 당하거나 다른 문화로 당황하게 되는 상황도 생기지만, 그런 경험들이 어렵고 힘든 상황에서 빠르게 현실을 인식하고 대처하는 능력을 키우게 해주지. 그리고 나와는 다른 사람에 대한 이해와 배려심도 생기게 돼.

무엇보다 여행은 일상생활에서의 휴식과 삶의 활력을 준다는 것. 그게 여행의 묘미인 것 같아.

삶이 너무 힘들고 지친다면 잠시 여행을 떠나보는 것은 어떨까? 길지 않아도 괜찮고, 먼 곳이 아니어도 좋아. 굳이 해외가 아니어도 상관없어. 그저 내가 사는 이곳을 잠시 떠나 낯선 길을 한 걸음씩 걷는 것만으로도 활력이 샘솟을 거야.

그리고 그곳에서 무엇이든 단 한 가지라도 느끼고 배우는 것이 있다면 그것만으로도 당신의 여행은 성공한 거야.＊

the first time in my life

직장생활 '일태기' 극복하기

/

/

/

　입사 후 첫 출근길. 긴장과 설렘으로 낯선 곳의 문을 열고 새로운 세상과 만나게 되지. 아마 처음에는 '무슨 일이든 맡겨만 다오! 내가 다 해낼 수 있어!'라는 마음가짐으로 시작할 거야. 그러나 시간이 흐르면서 반복되는 일과와 스트레스에 처음과 같은 마음은 어느새 사라져버려.

　연인 사이에도 권태기가 있듯이 업무에도 권태기가 있어. 일이 잘 풀리다가도 문득 아무것도 하기 싫을 때 말이야. 그런 시기가 있어. 뭔가 일이 꼬이기만 하고 풀리지는 않고, 업무의 스트레스는 쌓여가는 시기. 풀 곳이라도 있다면 다행이지. 풀 곳도 없다면 마음의 문이 점점 닫히게 돼.

　나는 치과에서 9년 정도 일했을 때 '일태기'가 극심하게 찾아왔어. 당시 일하는 곳은 업무의 시스템이 제대로 갖춰진 곳이 아니었어. 예약과 상관 없이 몰려드는 환자에 쉴 틈 없이 바빴고, 반복되는 단순 업무에 점점 지쳐갔어. 거기다 내 발전도 없이 그저 묵묵히 일만 해야 한다는 것이 더 나를 힘들게 했어.

　이런 상황에서 결정적인 계기가 되는 사건이 일어난 거야. 후배의 실수로 환자 예약이 잘못되었고 그로 인해 진료 문제까지 이어지게 된 거야. 환자는 크게 항의를 했고 이를 해결하기 위해 동분서주 뛰어다녀야 했어. 다행히 일은 잘 해결되었지만, 원장님의 한마디에 내 마음은 무너져버렸어.

　"실장님. 이런 일이 발생하지 않도록 처음부터 잘 했어야죠. 이건 실장님 잘못인 거 아시죠?"

　원장님에게는 해결하기 위해 노력하는 내 모습은 보이지 않았었나 봐. 물론 이런 일이 발생하지 않도록 해야 했어. 그래, 나도 알아. 그런데 어찌됐든 일이 발생했고 그 일을 해결하기 위해 노력했는데 돌아오는 말이 저런 말이라니. 중간 관리자라는 이유만으로 견뎌야 하는 중압감과 책임감도 너무 힘들었어. '내가 왜 이렇게 살고 있지?'라는 생각이 들면서 모든 것을 내려놓고 싶은 마음이 생기더라.

2019년 8월 '사람인'에서 직장인 959명을 대상으로 '직장 생활 권태기'에 대해서 조사한 결과에 따르면 직장인 중 무려 91.1%가 권태기를 겪은 경험이 있다고 해. 나만의 경험이 아니었던 거지.

누구나 일태기를 겪고 각자 나름대로의 방법으로 극복을 하며 직장을 계속 다니는 사람들도 있겠지만, 나는 그 당시 같이 일하던 직원들까지 퇴사를 해버려서 더 버티기 힘들었어. 오래 일해서 나와 손발도 잘 맞고 성격도 잘 맞아서 퇴근 후에도 자주 어울렸었는데 그것도 못하게 되니 못 견디겠더라.

결국, 내가 생각한 일태기의 해결책은 도피였어. 다들 품안에 사표 하나쯤은 넣고 다닌다잖아? 그래서 직장을 그만두고 4개월 정도 쉬면서 친구와 여행도 다니고 머릿속도 정리하고, 가족 품에서 지내며 쉬기도 했어. 그렇게 스스로 마음을 치유하고 나니까 내 수중에 남은 돈과 함께 현실이 다시 보이더라.

먹고 살아야 하니까 다시 취업해야만 했어. 이력서를 작성하면서 지금까지 내가 해왔던 일들을 정리하는데 순간 흠칫 했어. 이전 병원에서 배운 것이 전혀 없다고 생각했었는데 새로운 업무에 도전도 했었고 배운 것도 있더라고. 그 경험이 또 다음 취업 때 나의 이력이 되어 있더라. 참 재미있지?

사회에서 일하다 보면 누구나 맘 상하는 일도 겪고, 일의 권태기가 찾아올 거야. 일태기가 오게 되면 대인관계 갈등이 심해지고 업무 성과가 저하되는 등 커리어에까지 영향을 미치게 돼. 그렇다고 그때마다 아무런 계획도 없이 직장을 그만두는 무리수를 던질 수는 없어. 일태기가 오면 슬기롭게 극복하는 것만이 해결법인 것 같아.

일반적으로 일의 권태기는 두 달 정도 지속되고, 일 년 주기로 반복된다고 해. 바꿔 말해 매년 어김없이 한 번씩 찾아온다는 거고, 그 두 달만 잘 견디면 나머지 10개월은 '복세편살(복잡한 세상 편하게 살자)' 할 수 있다는 거지.

일태기가 오면 사춘기가 온 것처럼 '나는 누구인가?', '나는 무엇을 위해 일하고 있는가?'라는 물음이 꼬리에 꼬리를 물면서 스스로 괴롭히게 되는데 이때 가장 좋은 처방은 바로 초심을 찾는 거야.

처음 입사했을 때 어떤 마음가짐을 가졌었는지, 내가 어떤 포부를 가졌었는지 신입 시절의 열정을 다시 되새기면서 지친 마음에 프레시한 바람을 넣어보는 거야.

스스로에게 보상을 해주는 것도 좋아. 성과 및 목표 이런 요인들이 압박을 주는데, 이런 압박 요인들을 잘 극복했을 때 특별한 보상을 해주면 자신감도 얻고 일의 능률도 높일 수 있어. 평소 사고 싶었던 물건을 구입하거나 보고 싶었던 영화나 연극을 보거나, 짧게라도 여행을 다녀오며 기분 전환을 하는 거야.

자신의 속마음을 털어놓는 것도 중요해. 끙끙 앓기만 하다간 속병이 날 수 있으니 말이야. 특별한 묘안이 없더라도 가까운 사람에게 마음속 응어리를 털어놨다는 것만으로도 큰 위안이 될 수 있어.

그리고 나만의 소확행을 찾는 거야. 맛있는 음식을 만들어 먹거나, 요가나 필라테스 등의 홈 트레이닝으로 몸을 가꾸거나, 독서로 마음의 양식을 쌓거나, 업무 관련 자격증 취득으로 일상에 환기를 시켜보는 거야.

"성취한 것이 아니라 극복한 것이 당신의 커리어를 결정한다."라는 말처럼, 직장 생활의 수많은 날은 성취가 아닌 극복의 역사인지도 몰라.

　누구에게나 찾아오는 일태기지만 회피하지 말고 슬기롭게 극복할 수 있는 멋진 당신이 되었으면 좋겠어.＊

세상에 좋고 나쁜 것은 다 생각하기 나름이다.
- 셰익스피어

the first time in my life

콤플렉스 극복, 시간 관리도 능력이다

/

/

/

사람들은 모두 같은 시간을 살아가. 아이였을 때, 청년일 때, 결혼을 하고 독립을 하고, 노인이 되어 홀로 살아갈 때. 우리는 모두 같은 시간을 살아가지만 사는 모습은 다 제각각 이지.

그래서 어떤 사람은 나이가 60대인데도 30대의 신체를 유지하기도 하고, 20대에 50대의 모습을 보이기도 해. 또 어떤 사람은 30대인데 사업에 성공해서 부와 명예를 얻기도 하고 70대까지 자식 뒷바라지만 하다가 허리 한번 못 펴보기도 해.

이렇게 남들이 부러워할 만한 삶을 사는 사람들은 타고나서 그렇게 살까? 아니야, 뒤에서 남다른 노력을 했기 때문에 이룰 수 있었던 거야.

나는 어릴 때부터 내 웃는 모습을 싫어했어. 웃는 모습이 너무 못생겨 보였거든. 그래서 웃을 때마다 손으로 입을 가렸어. 자꾸 웃을 때마다 손으로 입을 가리니까 사람들이 "넌 왜 웃을 때마다 얼굴을 가려?"라고 묻더라고. 그때 '아, 이 모습이 좋아 보이지 않는구나.'라는 것을 알았고 습관을 고치기 위해 노력했어.

그런데 내가 고친 건 얼굴을 가리지 않는 '행위'뿐이었어. 여전히 웃는 모습이 예쁘지 않았지. 입 꼬리만 살짝 올려 미소만 짓거나 무표정한 모습은 그대로였어. 그렇게 나이가 드니까 무표정한 모습 그대로 얼굴 근육이 자리를 잡아버린 거야. 주변 사람들은 그런 날 보며 '깍쟁이 같다', '도도해 보인다'고 했고, 날 '접근하기 힘든 사람'으로 여겼어.

다 같이 사진을 찍을 때도 나 혼자 표정이 뚱해 있었지. 그런 모습들을 보니까 내 표정이 점점 더 싫어지는 거야. 웃어보려고 해도 워낙 안 웃고 살아서 이미 근육들이 퇴화해버렸는지 오히려 일그러진 표정이 되었어.

고칠 수 없다면 그냥 이대로 살아야겠다고 생각했는데, 강사 준비를 시작하면서 이미지 메이킹이 중요하다는 것을 알게 됐고 표정 관리의 필요성을 느끼게 되었어.

그래서 일주일에 5일은 입 꼬리가 당겨지도록 올려서 '이'하는 입 모양이 되도록 연습했어. 혼자 카메라를 보면서 웃는 연습을 하기 시작했지.

그렇게 1년 정도가 지났을까? 표정이 좋아졌다는 소리를 듣기 시작했고, 친구와 사진을 찍을 때도 "이제 사진 좀 찍는데?"라는 얘기를 듣게 되었어. 애쓴 것에 대한 빛을 본 기분이 들었어.

지금 짓고 있는 표정이 40대의 얼굴을 결정하고, 40대에 짓는 표정이 평생의 얼굴을 결정한다고 하잖아. 40대의 내 모습을 잠시 상상해봤는데 아무래도 웃는 모습이 좋겠더라고. 그래서 지금은 '미소교정기'를 이용해서 더 자연스러운 미소를 짓기 위해 노력하고 있어. 아직은 완전히 만족스럽진 않지만 전보다는 웃는 모습에 자신감이 생겼어. 예쁜 외모가 아니더라도 자신의 콤플렉스를 극복하기 위해 노력한다는 것이 중요한 것 같아.

삶을 잘 살아가기 위해 자신감도 중요하지만, 시간 관리도 무척 중요해. "시간은 금이다."라는 말이 있지? 지나간 시간은 되돌릴 수 없기 때문에 시간 관리를 잘 해야 나중에 후회도 남지 않게 되는 거야.

시간 관리를 잘하기 위해서는 먼저 '시간 관리도 능력이다'라는 인식을 해야 해. '나는 선천적으로 게을러', '나는 너무 바빠', '타고난 사람이 잘하는 거야'라고 생각할 수도 있겠지. 하지만 능력이라는 것은 배우면서 기를 수가 있어. 그리고 내 것으로 만들기 위해서는 당연히 훈련 등의 노력이 뒤따라야 해.

직장인들은 하루 24시간이 모자라다 느낄 수 있겠지만 앞으로 자신의 삶을 더 멋지게 살아가기 위한 투자라고 생각하고, 시간 관리를 할 수 있도록 비결을 알려줄게.

첫째, 구체적인 목표를 설정하는 거야. 막연한 목표는 실천이 잘 안 돼. 그래서 구체적인 계획과 목표 설정이 필요해.

예를 들면 "일주일에 책 한 권씩 읽을 거야."가 아니라 "매일 아침, 또는 퇴근 후 하루에 20분씩 책을 읽을 거야."로 정하는 거야. 또는 "올해는 건강을 위해 운동할 거야."가 아니라 "월, 화, 수요일은 퇴근 후 30분씩 운동할 거야."로 정하는 거야. 계획이 훨씬 구체적이기 때문에 실천하기가 좀 더 수월해져.

둘째, 'To Do 리스트'를 작성하는 거야. 오늘 해야 할 일들을 쭉 써놓는 거지. 꼭 거창하게 다이어리나 멋진 노트에 쓰지 않아도 돼. 포스트잇이나 자투리 종이에 써도 괜찮아. 중요한 건 내가 이 업무를 했는지 확인하는 거니까.

다 적었다면 그중 당장 해야 하고 급한 것은 무엇인지 우선순위를 정하는 거야. 우선순위를 정할 때 급하지만 시간이 오래 걸리면 급하진 않지만 빨리 할 수 있는 것부터 하는 걸 좋아하는 사람이 있고, 우선 급한 것부터 처리한 뒤 한숨 돌리고 쉬운 것으로 마무리하는 걸 좋아하는 사람이 있어. 어떤 순서로 하든 상관없지만 우선순위를 정해서 번호를 매겨두면 일을 할 때 업무 흐름을 머릿속에서 정리할 수 있고 업무를 누락시키지 않을 수 있어. 일이 끝난 뒤에 오늘 한 일에 대해서 체크를 할 때 성취감을 훨씬 더 느끼게 되지.

셋째, 마감 시간을 설정하는 거야. 오늘은 친구하고 약속이 있어서, 너무 피곤해서 등의 핑계를 대기 시작하면 한도 끝도 없이 미뤄지게 될 거야.

무리하지 않는 선에서 정하는 거야. 보통 자는 시간이 12시라고 한다면 12시 안에는 끝낼 수 있게. 그렇지 않으면 새벽으로 또 미룰 수 있고, 그렇게 늦게 업무를 하면 다음 날은 피곤할 수밖에 없어.

나도 글쓰기를 시작하면서 '당일 12시 전에 하나씩 완성하기'라는 목표가 정해지고 나니까 미뤄지지 않고 매일매일 작성을 하게 되었어. 만약 '일주일 안에 5개의 글을 쓰기'로 목표를 정해놨다면 몰아서 한다고 하루의 일정이 엉망이 되었을 거야.

국민MC 유재석은 자기관리에 철저한 사람이야. 체력을 키우기 위해서 담배도 끊었지만, 꾸준히 운동도 하고, 촬영 전날엔 사적인 약속을 잡지 않는 것으로 유명해. 그런 관리가 지금의 유재석을 만들어놓은 거지.

당장 눈앞의 편안함보다 장기적 시야를 갖고 10년 뒤 원하는 나의 모습이 되기 위해서 '나는 무엇을 할 것인가'를 생각해보면 어떨까?

우린 저마다 각자의 시간을 살아가. 그 시간은 한정되어 있고 다시 돌아오지 않지. 지금 이 시간을 소중히 여기고 당신이 지금 가고 있는 길, 하려는 일, 하고 싶은 일, 해야 하는 일들을 다시 한 번 돌아보고 현명하게 사용할 수 있으면 좋겠어.*

05

감정 관리도 능력이다

/

/

/

현대인의 고질병 '스마일 마스크 증후군'. 직장생활을 할 때 실제로는 힘들거나 우울한 감정이 있어도 그런 감정들을 억누르면서 늘 웃는 얼굴을 유지해야 해. 그렇게 표정 관리를 잘하는 것을 '프로답다'라고 생각하기도 해.

스마일 마스크 증후군은 감정노동자들의 흔한 증상이기도 하지만 사회생활을 하는 직장인이라면 누구나 겪는 일이기도 해.

사람과의 관계, 조직 관계에서 감정을 억누를 때가 많아. 사회 속의 역할을 유지해야 한다는 중압감으로 우울증 혹은 화병이 생기거나 업무의 능률이 떨어지기도 해.

　나는 직원을 존중해주지 않는 원장님과 일한 적이 있어. 직원에게 본인의 개인적인 스트레스나 분노 등의 감정을 분풀이하거나 아무 잘못을 하지 않아도 화를 내거나, 종종 욕을 하기도 했어. 그래서 직원들이 굉장히 힘들어했지. 중간 관리자였던 나는 직원 마음 달래주랴, 원장님의 감정을 조절해드리랴 동분서주했어. 그렇지만 정작 내 감정은 표출하지 못하고 억누를 수밖에 없었어. 실장인 내가 어디 가서 힘들다고 토로하겠어? 직원에게 하면 오히려 짐을 지워주는 것이고 능력 없는 실장으로 낙인 찍힐 테고, 원장님은 본인 감정 컨트롤도 안 되는 사람이니 말할 수가 없었지.

　일을 쉬다 새롭게 들어가서 시작한 곳이기에 또 직장을 그만둘 수는 없어서 2년 가까이 일하면서 감정을 눌러왔어. 그렇게 스트레스가 쌓이다 보니 직장에서는 입맛이 없어서 음식이 전혀 안 들어가고, 퇴근하면 참았던 배고픔이 밀려와서 폭식이 이어졌어. 결국 2년 만에 10kg이나 쪄버렸어.

　어느 날, 누르고 눌렀던 감정이 결국 폭발해버렸어. 청심환을 먹어도 진정이 되지 않고 심장이 100미터 질주한 것처럼 쿵쿵 뛰고 진정이 되지 않았어. 참을 수 없었던 나는 원장실에 들어가 울고 소리치면서 한 번에 모든 감정을 쏟아냈고, 원장님은 처음 보는 내 모습에 적잖이 놀라했어.

그래도 원장님이 아주 모진 사람은 아니었는지 오히려 이야길 해줘서 고맙다고 해주셨어. 그렇게 쏟아 붓고 나니 마음이 어느 정도 진정되었고 그 뒤 결국 사표를 던지고 나왔어. 퇴사하고 몇 년이 흘러 원장님 소식을 전해 듣게 되었는데 원장님도 많이 달라지셨다고 하더라. 그 당시엔 그렇게 나를 힘들게 하더니 말이야.

혹시 나처럼 내면에서 힘들다고 소리 지르는데 감정을 모른 척 무시하거나 억누르고 있다면 조심해야 해. 그 감정은 절대 없어지지 않고 차곡차곡 쌓여서 어느 순간 한 번에 폭발하거나 감정이 조절되지 않아 극단적으로 표출하게 될 수 있어. 그러면 결국 본인에게도 나쁜 영향을 주게 돼.

먼저 자신의 내면에 귀를 기울이고 내 감정과 심리를 존중하려는 노력이 필요해. 일에 관련된 사람과의 관계에서는 어쩔 수 없이 감정을 있는 그대로 표현할 수 없다 보니 내면에 스트레스가 쌓일 수밖에 없어. 특히 마음이 여린 사람이라면 더더욱 상처를 잘 받고 멘탈이 쉽게 흔들릴 수 있어.

살다 보면 피할 수 없는 상황과 감정들이 있어. 그렇다면 감정이 묵혀지기 전에 잘 해소해야겠지?

셰익스피어의 명대사 중에 "세상에 좋고 나쁜 것은 다 생각하기 나름이다."라는 말이 있어. 어떤 상황을 마주했을 때 내가 어떻게 인식하느냐에 따라서 마음가짐이 달라진다는 거야. 좋지 않은 일이 발생하더라도 감정을 살짝 배제하고 이성적인 시각으로 바라보면서 긍정적 사고를 갖는 거지.

나도 억울하게 직장을 그만두게 되는 상황이 발생했을 때, 분노 감정만 쏟아내기보다는 일단 악의에 찬 마음은 내려놓고 감사함을 먼저 생각했어. '시간의 여유를 주어서 감사합니다.'라고 말이지. 그랬더니 정말 여유로워지더라.

그 여유로운 시간에 새로운 도전을 하고 새로운 공부도 시작할 수 있었어. 이렇게 글을 쓰는 것도 마찬가지고 말이야. 스트레스를 받고 직장을 계속 다니고 있었다면 나는 새로운 도전 자체를 할 기회를 얻기가 힘들었을 거야. 오히려 전화위복이라고 생각을 했더니 생각지도 못한 기회가 오고 그 전보다 더 발전적인 방향으로 가게 되었어. 마음 하나 바꿨을 뿐인데 이렇게 달라질 수 있다니 정말 신기한 것 같아.

일이 잘 풀리지 않을 때 이렇게 생각해봐. '왜 이 일이 생겼

지?', '내가 무엇을 할 수 있지?'라고 말이야. '역시 내가 그
렇지 뭐. 나는 안 돼.', '왜 내게만 이런 일이 생기는 거야?'라
고 비관적으로만 생각하거나 아무것도 하지 않고 시간만 낭
비한다면 내 인생을 좀먹는 거야.

　왜 이 일이 생긴 건지, 그렇다면 나는 지금 이 순간 무엇을
해야 하는지 스스로에게 질문해보면 현상을 객관적으로 바라
보는 안목도 생기게 될 거야. 나는 정말 최선을 다했지만, 그
결과가 좋지 못하다면 포기할 수 있는 쿨함도 필요해. 내려놓
을 줄 아는 용기가 정신 건강에도 이로워.

　회사는 내 생활의 일부분이고, 일하다 보면 누구나 깨지고
다칠 수 있어. 그리고 내 멘탈을 깨뜨리는 사람도 누군가에게
서 깨지기도 해. 내가 못나서 나한테만 그런 일들이 일어나는
것이 아니야. 강한 정신력을 가지기 위해선 스스로 사랑하는
것이 필요해. 좀 뻔뻔스러워도 괜찮아.

　나는 자기애가 강한 편이다 보니 남들이 뭐라 해도 내 신념
을 가지고 뻔뻔하게 대처하기도 하거든. 누군가가 내 삶을 대
신 살아주지 않을 거잖아. 자기 자신을 진정으로 아끼면 타인
의 말에 상처를 받거나 쉽게 휘둘리지 않아. 조금 흔들리더라
도 금세 제자리를 찾지.

이런 강인함을 갖고 감정 관리를 한다면 앞으로의 시련도 건강히 헤쳐 나갈 수 있을 거야.

감정 관리도 능력이야. 너의 능력을 더욱 성장시킬 수 있길 바라.＊

반짝여라, 번뜩여라. 그러나 무엇보다 진실하라.
- 핼 스테빈스

the first time in my life

내 안의 숨은 가능성을 깨우는 독서

/
/
/

어릴 때 나는 책 읽는 것을 좋아했어. 위인전부터 소설책, 과학책 등 편식 없이 책을 읽었지. 그 당시 책을 추천해주는 것으로 유명한 TV 프로그램 〈느낌표〉에 나오는 책들도 다 사서 볼 정도로 책을 정말 좋아했어.

그런데 고등학교 올라가면서부터였을까. 학업에 집중해야 하는 시기다 보니 점점 책을 손에서 놓게 되었어. 그러다 직장생활을 하면서는 아예 책과는 담을 쌓고 살았던 것 같아.

2018년도 〈연합뉴스〉에서 성인 독서량을 조사한 것을 보면 성인 10명 중 4명은 1년에 책을 한 권도 읽지 않는다고 해. 책 읽기를 어렵게 하는 요인으로는 '일과 때문에 시간이 없다'가 가장 많았고, '휴대전화, 인터넷 사용 등의 다른 여가로 시간이 없다'가 두 번째로 많았어.

나 또한 개인적인 일과로 시간이 없는 사람이었어. 다른 여가 활동을 할 시간은 있지만 독서할 시간은 없었어. 필요성을 느끼지 못했으니까.

그러다 다온C.S.M컴퍼니라는 병원경영컨설팅전문 기업을 만나게 되었는데, 그곳에서 내 삶은 180도 달라졌어. 병원 전문 기업이다 보니 병원종사자들을 위한 많은 교육을 하고 있었고 강사도 배출하고 있었어. 그곳에서 병원 전문 강사과정을 시작했지.

분명 신청한 건 강사과정이었는데 첫 주부터 책을 읽으라는 과제가 주어졌어. 매주 추천도서를 읽고 토론하는 시간을 가졌는데 사실 처음에는 정말 읽기 싫어서 억지로 읽었어. 그런데 매주 읽고 서로 의견을 나누다 보니 좋은 아이디어도 떠오르고 내 삶이 좀 더 역동적으로 바뀌는 것 같았어. 그럼 그 이후로 책을 좋아하게 되었냐고? 그렇다고 대답하면 너무 재미없겠지. 난 여전히 책이 별로였어.

대체 책을 읽으면 뭐가 좋기에 독서를 강조하는 걸까? "좋은 책이니까 읽어야 해.", "책은 마음의 양식이야.", "강사라면 책을 많이 읽어야 해."라는 말을 주변에서 많이 듣지만, 독서가 왜 중요한지 명확하게 인지하지 못한 채 책을 읽으면 도로 아미타불이야. 억지로 읽게 되니까 더 재미가 없었어.

그렇게 억지로 책을 읽으면서 여전히 '책 안 좋아하는 사람'으로 있던 나는 강사로서 개인 브랜딩에 관심을 갖게 되었고 블로그 활동을 시작하게 되었어.

블로그 활동을 제대로 하려면 글을 잘 써야 하기에 글쓰기 과정도 수강하면서 본격적으로 글쓰기를 시작했어. 글을 쓰다 보니 좀 더 나은 글을 쓰고 싶은 욕심이 생기고, 그러다 보니 다른 사람의 글은 어떤지 찾아보게 되었어. 관심을 가지니 스스로 책을 찾아서 보게 되더라.

정말 신기하더라고. 그렇게 책 읽는 게 힘들었는데 필요에 의해 책을 보기 시작하게 되었고, 지금은 책이 너무 좋으니까 말이야. 계기가 없었을 뿐, 그 계기만 생기면 책은 자신을 성장시킬 정말 멋진 도구라는 걸 알게 되었어.

프랑스의 철학자 데카르트는 "좋은 책을 읽는 것은 과거 몇 세기의 훌륭한 사람들과 이야기를 나누는 것과 같다."라는 말을 했어. 책을 읽다 보니 직접 경험하지 않아도 간접 경험을 통해 내 삶을 되돌아볼 수 있고, 사람과의 관계에 대해서도 배울 수 있었어.

사람은 살아가면서 시간과 공간의 제약이 있어서 모든 사람을 만날 수도 경험할 수도 없어. 하지만 책은 시공간을 초월해서 수백 년 전의 위인도 직접 만나볼 수 있는 통로가 되고, 먼 곳에 있는 곳도 쉽게 갈 수 있지. 직접 경험할 수 없는 것을 책을 통해 간접적으로 경험하는 과정에서 상상력과 표현력 또한 길러지게 돼.

그렇게 읽은 책을 통해 내 삶에 적용해볼 수도 있고, 아이디어도 떠오르게 되고, 생각이 깊어지니 말도 좀 더 조리 있게 할 수 있게 돼.

책은 내가 강사로 활동하는 데에도 도움이 되었지만, 친구들을 만나거나 사회생활을 할 때도 도움이 되었어. 사람들을 만날 때 나라는 사람이 누구인지 보여주기 위해 어떻게 표현하느냐에 따라 평가가 달라지잖아.

학생들을 이해시키고 가르치는 선생님, 사람을 설득해야 하는 영업, 방송 진행을 원활하게 해야 하는 MC 등 다양한 직업군에도 말의 표현력이라는 것이 필요해.

그리고 표현력이 뛰어났을 때 말을 더 맛깔나고 재치 있게 하게 되고 그런 사람들이 그 분야에서 더 독보적으로 성공하게 되고 말이야.

성공하는 데 환경과 운도 중요하지만, 그것만으로는 성공하기 힘들어.

독일의 학자 오스트발트의 연구 결과에 따르면 위인이나 성공한 사람의 공통점은 긍정적으로 생각하는 일이 많고, 대단한 독서가라고 해. 그들은 책에서 성공한 사람들의 지식을 얻거나, 유지하기 위해서 독서를 한다고 해.

또 빌 게이츠는 "나를 세계적인 개발자로 만든 것은 마을의 작은 도서관이었다."라고 말할 정도로 책을 좋아했어. 미국의 사업가이자 투자가인 워런 버핏은 "나를 성공하게 만든 기초는 성장기에 읽은 책 덕분이었다. 열 살이 될 때까지 오마하 공공도서관에서 제목에 금융이라는 단어가 들어간 책은 모조리 읽었다. 어떤 책은 두 번이나 읽었다."라고 말했어.

성공하는 사람들은 책을 통해 다양한 사고방식을 경험하고 고정관념을 탈피하는 용기가 있어. 꼭 타고난 사람들만 성공하는 것이 아니야. 이제부터라도 독서의 중요성을 깨달은 우리가 책을 통해 다양한 사고를 경험한다면, 내 안에 숨어 있는 가능성을 깨워 삶을 더 나은 방향으로 이끌어 갈 수 있을 거야. 우리 함께 책 읽어보지 않을래? *

스스로를 신뢰하는 순간 어떻게 살아야 할지 깨닫게 된다.
- 괴테

the first time in my life

Lesson 3

사회생활 만렙 무기 장착하기

힘들게 일을 했는데도 불구하고 보상을 받지 못해 억울한데, 번거로운 절차까지 진행해야 한다니 정말 속상하지? 마음고생 많이 했어. 토닥 토닥. 하지만 내 권리는 내가 찾아야 하는 거야. 이런 배움을 통해 임금 체불도 해결하고 미리 대비할 힘을 기르자고!

the first time in my life

the first time in my life

멘탈도 스펙이다!
면접관의 마음을 사로잡는 비결

나는 한 직장에 오래 머무르지 못했어. 오래 다니면 2~3년, 짧게 다닐 땐 1년이 채 안 되기도 했어. 급여나 복지에 대한 불만이나 지루함과 답답함 때문에 그만두기도 했고, 직장 상사가 나의 성향을 못마땅하게 생각해서 타의로 그만두게 되기도 했었지. 그렇게 옮기다 보니 직장을 10번 이상 옮겨 다녔더라. 10번 이상 이직하기 위해서 면접을 수없이 본 것 같아.

한번은 건물 전체가 병원으로 되어 있는 곳에 면접을 보러 갔었어. 20명이 넘는 면접자들이 대기 중이었고, 4명씩 면접

실로 들어가 3명의 인사 담당자와 면접을 보게 되었어. 인사 담당자들은 4명에게 같은 질문을 하는데 순간 말문이 막히면서 어버버하고 대답을 제대로 못 했어. 면접이 끝나고 나오자마자 털썩 주저앉았어. '아, 면접 망했다.' 그 당시에는 면접 전부터 자신감이 없었거든. 역시나 내 예상대로 패배의 맛을 보게 되었지.

면접은 자신감과 강한 멘탈이 중요해. '떨어지면 어떡하지?', '잘하지 못하면 어떡하지?'라는 생각에 사로잡히게 되면 긴장감에 몸은 경직되고 머릿속은 새하얘지면서 내가 하고자 했던 말도 못 하고 실수를 하게 돼.

멘탈도 스펙이야. 스스로 마음을 다잡는 것이 필요한데, 그게 힘들다면 먼저 자세, 표정, 말투의 연습이 필요해. 안정적인 자세와 표정, 말투에서 신뢰감이 느껴지거든. 기본을 탄탄히 다진다면 긴장을 하더라도 기본이 있기 때문에 실수를 줄일 수 있어.

어느 날 친구가 실장 면접마다 계속 떨어진다며 하소연을 하는 거야. 수많은 면접을 본 내가 노하우를 담아 면접관 역할을 해주기로 했어.

"내가 묻는 말에 대답해봐."

질문이 시작되었어.

"우리 병원에 지원한 동기가 어떻게 되나요?"

친구는 내 질문에 긴장하며 내 눈을 똑바로 바라보지 못했어. 말을 할 때마다 눈동자가 천장 쪽을 향했고, 대답하는 말은 짧은 한 문장으로 끝나버리면서 말끝이 흐려졌어.

친구의 모습을 보니 왜 면접마다 떨어지는지 알 것 같았어. 병원에서 실장이란 직급은 사람 상대를 많이 하고 직원 관리도 필요한 위치인데, 너무 자신감이 없어 보이는 태도가 문제였던 거야.

역량이나 스킬, 실력도 당연히 중요하지만, 그건 직접 보지 못했기 때문에 알 수 없어. 그래서 면접 때의 첫인상, 첫 느낌으로 '일을 잘 할 것 같은 사람', '성실할 것 같은 사람'을 뽑는 거야.

자, 그럼 어떻게 해야 첫 만남에 좋은 인상을 심어줄 수 있을까? 다음 세 가지만 기억하면 돼.

첫 번째, 단정한 용모와 바른 자세를 취해야 해. 구김이 가 있는 셔츠나 놀러온 듯한 복장은 신뢰감이 떨어질 수밖에 없어. 일도 그렇게 대충할 것 같거든. 친구 만날 때 입는 캐주얼

한 옷보다는 똑 떨어지는 원피스나 바지정장, 혹은 깔끔한 티셔츠에 면바지도 괜찮아. 화려하거나 캐릭터 그림이 있거나 주렁주렁 뭔가 달려 있는 옷은 좋지 않아.

면접을 기다리며 앉아 있을 때도, 면접 때도 어깨와 허리를 당당히 펴고 바른 자세로 앉아 있어야 해. 자세가 구부정하면 표정도 구부정한 표정이 나오게 돼. 그러면 첫인상부터 마이너스가 되겠지? 또, 바른 자세에서 발성도 더 잘 나오는 법이야.

두 번째, 말을 할 때는 정확한 단어와 문장을 사용하고 질문에 대한 이해도가 높아야 해. 보통 인사 담당자가 싫어하는 유형 중 하나가 질문과 관계 없는 대답을 하는 동문서답형이야. 질문의 요지는 그게 아닌데 긴장하다 보니 질문에서 벗어난 대답을 하는 거지.

혹은 핵심을 얘기하지 않고 너무 장황하게 설명하기도 하고 말이야. 그렇다고 단답형으로 "저는 ○○이라고 생각합니다."로 끝나서도 안 돼. 왜 그렇게 생각하는지 명확한 이유 한두 가지를 들어서 내 생각을 뒷받침할 수 있어야 해.

예를 들어 자신만의 상담 컨셉을 물어보았다고 하자. "저는 예전부터 소극적인 성격이어서…… 이걸 극복하고자 이런 노력도 하고 저런 노력도 하고…… 그래서 지금은 상담을 잘할 수 있게……." 이런 식으로 말하는 것이 아니라 정확하게 말을 해야 해.

"저는 공감과 소통능력이 뛰어납니다. 환자와 상담을 할 때도 치료에 대한 불안을 먼저 잠재우는 것에 집중하고 안심하고 진료받을 수 있도록 최선을 다합니다. 처음에는 불안한 마음이 있던 환자들도 저와 대화하면서 편안하다는 말을 많이 하십니다. 간혹 본인의 깊은 속 얘기를 꺼내시기도 합니다."

어때? 증언과 부언이 많은 것보다 훨씬 와 닿고 능력이 있는 것처럼 느껴지지 않아?

만약 질문을 잘 알아듣지 못했다면 다른 대답을 하거나 얼버무리는 것보다는 "죄송하지만, 다시 말씀해주시면 감사하겠습니다."라고 정중히 부탁드리면 돼. 그것도 용기거든.

마지막 세 번째, 적극적인 자세를 가져야 해.

'나는 어떤 일을 잘하고, 능력 있는 사람이다'라는 것을 알려주는 것도 중요하지만, 이 직장에서 필요로 하는 것들은 무엇이든 적극적으로 할 수 있다는 자세를 보여주는 것이 필요해.

대부분의 오너는 실력보다는 '얼마나 우리 회사에 필요한 일을 적극적으로 행할 수 있는가'를 많이 보거든. 그다음에 실력이야. 실력은 교육으로 충분히 업그레이드 될 수 있지만 마인드는 쉽지 않거든.

초롱초롱 빛나는 눈빛으로 아이 컨택도 잘 해야겠지. 눈은 거짓말을 하지 않는다잖아. 진실한 마음을 보여주는 것도 중요해.

나도 처음에는 긴장감 때문에 면접 있는 날이면 두근두근 심장 소리가 귀까지 들리는 것만 같았어. 하지만 지금은 긴장감보단 설레는 마음이 더 큰 것 같아. 새로운 사람과 만나고 새로운 일을 하는 것은 내 가슴을 두근거리게 만들어. 생각의 차이가 만들어낸 일이라고 생각해.

그래서 면접을 보게 되면 최소 한 시간에서 세 시간까지 면접인지 수다인지 모를 경계선을 넘나들며 대화를 하게 돼. 물어보는 질문에만 답을 하는 것이 아니라 역 질문도 하고, 내 가치관이나 방향성도 이야기하면서 말이야. 그러면서 상대방의 가치관이나 방향성, 이 회사의 비전과 목표도 알게 되는 거지.

내 가치관과 이곳에서의 가치관이 서로 맞는다면 대화의 흐름도 긍정적인 방향으로 흘러가게 돼. 만약 정반대라면 더

길게 말할 필요도 없이 다른 곳을 알아봐야 해. 회사에서도 나를 면접 보지만 나 또한 회사를 면접 봐야 하니까. 내가 일할 곳이니 당연히 나도 저울 위에 올려놓고 비교해봐야 하지 않겠어? 면접을 '보러' 간다고 생각하지 말고 내가 면접을 '하러' 간다고 생각하면 긴장감도 덜해질 거야.

언젠가부터 면접을 볼 때면 '아, 여기는 합격이구나.'라는 감이 오게 되었어. 대화의 흐름만 보아도 알 수 있지.

그곳에서 정말 일하고 싶다면 위의 세 가지를 잊지 마. 가장 기본이면서 가장 중요해. 언제나 기본이 최선을 이기는 법이거든.

면접 때 잘 보이는 것도 중요하지만 진짜 '나'를 어필해야 한다는 것도 꼭 기억해. 내가 잘하는 것, 잘할 수 있는 것, 그리고 그게 무엇이든 이곳에서 열심히 하겠다는 의지를 보여줘야 해. 진솔한 모습을 보여준다면 합격은 따 놓은 당상이야! *

the first time in my life

나를 보호하는 슬기로운 근로계약서 작성법

/

/

/

나의 첫 사회생활은 18살 여름방학 때였어. 해수욕장에서 아르바이트를 했는데 핫도그나 떡볶이, 어묵 등을 만들고 판매하는 일이었어. 그땐 근로계약서가 뭔지도 몰랐고 돈에 대한 개념도 부족하다 보니 한 달 일하고 몇 십만 원을 주면 그저 큰돈이라고 생각하고 좋아했어.

아르바이트를 5일 정도 하다 보니 기름에 손을 데기도 하고 다치기도 했어. 아프기도 하고, 어린 마음에 힘들어서 그만두겠다고 말했어. 그리고 일한 만큼의 급여를 달라고 요구했지. 그런데 업장에서는 "네가 갑자기 그만둔다고 해서 손해가 이

만저만이 아니야, 우리가 손해배상을 청구해야 할 판인데 무슨 급여야!"라고 했어. 나는 손해배상이란 말에 무서워서 결국 돈을 받지 못했어. 일한 만큼 당연히 받아야 하는 건데도 말이야. 지금은 그 당시보다 인터넷도 발달되어 있고 정보를 더 찾기 쉽겠지만 그땐 아무것도 몰랐지.

대학을 졸업하고 난 후에도 직장에서 근무를 시작한 지 3개월이 갓 넘었을 때, 말도 안 되는 사유로 퇴사를 권유받았어. 아니 강요였어. 3시간에 걸쳐서 내가 잘못해서 나가는 거라는 말을 내뱉게 하려고 계속 유도하더라. 내가 눈치가 백단이야. 아무리 아닌 척해도 그 시커먼 속이 훤히 보였지.

그렇지만 그 당시 나를 보호할 수 있는 권리에 대해서 잘 알지 못했기 때문에 결국, 쫓겨나듯 나와야만 했어. 사직서도 쓰지 않았기 때문에 부당해고로 신고할 수 있었는데 그런 것도 몰랐어. 5인 이상의 사업장은 신고하면 부당해고 구제 신청을 할 수 있다는 사실도 몰랐어. 그저 억울하게 내쫓기듯 나와야만 했지.

또 다른 직장에서는 직원들을 못살게 구는 오너 때문에 정신적으로 너무 힘들었어. 버티고 버티다가 일한 지 4주가 다

되어갈 때쯤 내가 먼저 그만둔다고 말했어.

당시 수습기간 3개월 동안 월급의 70%를 지급하고 이후 100%를 지급하는 것으로 계약을 했었어. 회사 측에선 한 달을 안 채웠으니 주휴수당을 못 준다고 하는 거야. 그 당시 계약했던 월급은 230만 원이었는데 수습 기간이었으므로 70%, 주휴수당까지 못 받아서 내가 최종적으로 받았던 금액은 120만 원이 채 안 됐어.

'뭔가 이건 아닌 것 같아.'라는 생각은 들었지만, 신고했을 때 오히려 보복을 당하지 않을까 하는 두려움에 선뜻 더 알아보지 않고 덮었지. 참 어리석은 생각이었어. 내 권리를 나 자신도 찾으려고 하지 않았으니 말이야.

그때의 경험들이 지금의 '노무의 달인 언니'가 될 수 있는 밑거름이 되었어. 혹시라도 부당한 대우를 받고 있다면 절대 자신의 권리를 저버리지 마. 내 권리는 내가 찾아야 해. 내가 도와줄게. 잘 들어봐.

근로계약서는 정말 중요해. 직장을 다니거나 아르바이트를 하고 있다면 무조건 작성해야 해. 이 종이 한 장이 내 권리를 보호해주는 보호막 역할을 하거든.

작년 초 '권유하다'라는 단체에서 발표한 실태조사에 따르면, 근로계약서 미작성 또는 미교부인 경우가 40%나 된다고 해. 수면 위로 드러난 케이스만 해도 이렇게 많은데, 현존하는 사업장을 다 살펴본다면 얼마나 더 많을지 가늠이 안 될 정도지.

이건 근로자나 사업주나 둘 모두에게 불리해지는 일이야. 근로계약서는 일하면서 필수로 작성해야 하는 계약 서류이기 때문에 입사하게 된다면 입사 당일 또는 입사를 확정한 날에 작성하는 것이 좋아. 만약 입사했는데 계약서를 작성하지 않는다면 먼저 작성부터 하고 싶다고 얘기해야 해. 작은 업체에서는 근로계약서를 작성하지 않고 유야무야 넘어가기도 하거든. 면접 때 이 부분을 먼저 확인하는 것도 좋아.

계약서에는 업무 외 직급, 계약 기간, 근로시간, 임금, 휴게시간, 근무일, 휴일, 퇴직금 등 내가 일할 때의 모든 조건들이 적혀 있어.

일을 시작하면 대개 수습 기간이라는 것을 갖게 돼. 수습 기간은 업무에 적응하는 기간으로 "약속한 월급의 90%만 지급해도 된다."라고 근로법상 규정되어 있어. 그리고 90%로 지급하는 것도 3개월까지 가능해. 그 이상 기간을 월급을 감액해서 준다면 당연히 문제가 되는 부분이겠지? 이런 것도 모르고 있다가 "수습은 6개월로 하고 6개월간 80%의 월급을 드리겠습니다."라고 말하는 직장이 있다면 그대로 당하는 거야.

내가 마지막 직장에서 받지 못했던 주휴수당은 기본적으로 규정된 근무시간을 다 채운 근로자에게 유급 휴일을 주는 것을 말해. 주5일 8시간 근무 기준으로 했을 때 일주일에 40시간을 근무했다면 8시간을 추가 근무한 것처럼 48시간 근무한 것에 해당하는 급여를 지급하는 것을 말해. 즉 월, 화, 수, 목, 금요일 주5일 8시간씩 일했다면 토요일이나 일요일에 쉬어도 8시간 근무한 것으로 보고 그만큼의 급여를 책정하는 거야. 단, 아르바이트나 파트타임으로 근무해서 일주일의 근무시간이 15시간 미만이라면 해당되지 않아서 받을 수 없어.

일반적으론 월급으로 계약했다면 주휴수당이 포함되어 있다고 보면 되지만, 시급으로 받는 경우 주휴수당이 추가로 계산되어야 해. 그러니 우선 내가 '월급제'인지 '시급제'인지부터 파악해야 정확한 계산이 나오겠지?

나처럼 그만둔다고 했을 때 주휴수당을 제하고 주겠다는 건 말이 안 되는 거야. 이미 계약된 월급 안에 포함되었기 때문이지.

퇴직금 같은 경우는 내가 1년 이상을 근무했다면 계약서에 퇴직금 항목이 없더라도 당연히 받을 의무가 있어. 퇴직금은 사업장 규모나 정규직, 계약직, 아르바이트인지 상관이 없어. 그렇지만 주 근무시간이 15시간 미만이라면 1년 이상 근무를 했더라도 지급대상이 되지 않아. 그래서 주 단위의 근무시간이 어떻게 되는지도 잘 확인해봐야 해.

또 사업장의 근무자 수에 따라 근로계약서가 달라질 수 있어. 일하는 직원, 즉 근로자 수가 5인 이상이면 연장수당, 가산수당, 휴일수당, 연차휴가, 생리휴가, 부당해고 구제 신청 등 다양한 권리를 보호받을 수 있지만, 5인 미만이면 근무가 연장된 부분에 대한 것만 받을 수 있고 다른 부분들은 해당이 되지 않아.

만약 연장근무를 했는데도 "여긴 5인 미만이라 다 포함이야."라고 한다면 그건 잘못된 거야. 더 일한 만큼은 받을 수 있어.

이제 근로계약서가 무엇인지, 대략 어떻게 작성되어야 하는지 알겠지?

근로계약서 안에 작성된 근무 조건은 약속사항이기 때문에 무작정 서명하지 말고 서로 협의한 부분이 제대로 작성되어 있는지 꼼꼼히 확인한 후 서명해야 해. 그래야 나중에 억울한 문제가 생겼을 때 근로계약서가 나를 보호해줄 수 있어.

근로계약서는 기업과 내가 계약을 하는 거야. 기업에서 친절하게 안내해주면 더욱 좋겠지만 그렇지 않으면 나를 보호하기 위해서 나도 어느 정도 알고 있어야 해. 내 권리는 나만이 찾을 수 있다는 것을 잊지 마! *

너 자신을 믿어라. 너는 스스로가 생각하는 것보다 더 현명하다.
- 벤자민 스폭

하루아침에 날벼락!
갑작스러운 해고통보에 대처하는 법

갑작스러운 해고통보, 받아본 적 있니?

직장이 마음에 들지 않아서, 더 나은 곳으로 가고 싶어서, 너무 멀어서 등 개인적인 사정으로 스스로 그만두기도 하지만 내가 원하지 않았는데 해고통보를 받는 일도 있어.

해고 사유는 정말 다양해. '우리 회사와 맞지 않는 것 같다', '회사의 경영이 어렵다', '업무 실적 부진' 등 납득이 되든 되지 않든 회사에서는 정말 갖가지 이유를 대며 부당해고가 아닌 내 문제로 퇴사하는 것으로 몰아가. 회사 입장에서 부당해고는 여러 가지 불이익이 있거든. 그러니 회사 입장이 아닌 내 사유로 인해 사직하는 것으로 몰기 위해서 이유를 계속 대는 거야. 아마 당신이 직장을 열심히 다녔고, 직장 관계에서도 문제가 없었다면 그 사실을 받아들이기 힘들 거야.

나는 일을 할 땐 어쩔 수 없이 책임감을 갖고 처리할 때도 있지만 대부분은 일을 즐기면서 열심히 하는 사람이었어. 정말 내 일처럼 말이야.

그렇게 일을 하니 자연스럽게 매출도 오르고 목표의 성과도 달성했어. 그래서 곧 다가올 연봉 협상도 기대했었지. 그런데 청천벽력 같은 말을 듣게 되었어. 갑자기 나보고 나가라는 거야.

너무 잘 다니고 있던 직장이었기 때문에 해고통보를 받았을 때 아무런 생각도 들지 않았어. '내가 왜? 어째서?' 이런 단어만 머릿속에 떠돌고 망치로 머리를 세게 맞은 것 같은 기분이었어.

한 시간쯤 멍하게 있다가 후배가 와서 말을 거는데 나도 모르게 눈물이 주르륵 흐르더라. 그때 돼서야 내가 해고통보를 받았다는 사실을 실감한 거야.

직장생활을 오래 하면서 억울한 일을 경험한 적은 여러 번 있었지만, 너무 잘 다니고 있던 곳이었기에 충격을 크게 받았었지. 그래도 다양한 경험들이 내가 어떻게 해야 할지, 무엇을 해야 할지 금세 정신을 잡아주더라.

만약 네가 지금 그 상황이라면 일단은 침착해. 그 상황을 바로 받아들이지도 말고, 맞서 싸우지도 마. 당신을 위한 다음을 생각해.

해고를 당했다고 해서 내 인생까지 끝난 건 아니야. 또 다른 나아감이 있는 거지. 그 이후에 내가 어떻게 살아갈지를 생각해야 해. 그러기 위해서는 조율을 할지 아니면 부당해고 구제 신청을 할지 선택이 필요해.

좋게 마무리 짓고 나가고 싶다는 마음이 들었다면 권고사직을 받아들일 수 있겠지. 권고사직을 받아들인다는 것은 회사가 퇴사를 권유했지만, 내가 이를 받아들여서 근로 관계가 종료되는 것을 말해. 이건 당사자 간의 합의가 있는 것으로 보기 때문에 '해고'라고 보지 않아. 이렇게 됐을 땐 일반적으로 실업급여만 받을 수 있어. 그러기엔 너무 억울할 수 있으니까 회사와 조율을 해보는 거야.

통상적으로 해고를 당했을 때 사업장 규모와 상관없이 3개월 이상 근무했다면 '해고 예고 제도'를 활용할 수 있어. 또

5인 이상 사업장이라면 '해고위로금'도 요구할 수 있어.

해고 예고 제도란 말 그대로 해고하기 전 예고를 한다는 거야. 갑자기 직장에서 잘릴지 모르는 불안함을 어느 정도 해소해주기 위해서 고용자는 근로자에게 30일 전에 미리 해고 의사를 밝혀야 하는 거지. 만약 그렇지 않으면 30일분 이상의 통상임금을 지급해야 해. 30일 동안 일을 더 할지 아니면 30일 치를 받고 바로 일을 그만둘지를 정할 수 있어.

해고위로금은 회사의 선택이지 강제사항은 아니라서 합의를 해야 해. 이때 "전 열심히 일했어요."라고 주장하기만 해서는 임금을 제대로 받기 어려워. 그동안 내가 차곡차곡 쌓아온 업적과 성과들을 포트폴리오로 정리해서 제안해야 해. 내가 어떤 업무를 맡았고, 여기서 어떤 성과를 이루었고 매뉴얼을 구축했는지 등등 자료들을 캡쳐하고 사진도 같이 넣어서 만들면 더욱 좋아.

포트폴리오는 나를 위한 것이야. 이 포트폴리오는 다른 직장으로 이직할 때 나를 소개하고 표현하는 좋은 도구로 활용할 수 있어. 포트폴리오 만드는 방법에 대해서도 나중에 구체적으로 알려줄게. 강의도 하고 있으니까 궁금하면 언제든 찾아와!

만약 서로 합의가 되었다면 합의 내용에 대해서는 꼭 문서로 작성해서 서명을 받아야 해. 구두로만 약속하면 나중에 문제가 발생할 수 있어. 합의 전엔 사직서를 절대 작성하면 안 돼.

당신이 조율할 생각이 없다면 당연히 사직서를 작성하면 안 되는 거고. 사직서를 작성하는 순간 합의로 퇴사를 받아들인다는 의미가 되는 거야.

회사에서 '아무것도 해줄 수 없어'라고 나왔다고? 그럴 경우엔 이렇게 해봐.

5인 이상의 사업장에 근무했다면 부당해고 구제 신청이라는 것을 할 수 있어. 해고를 당한 날로부터 3개월 이내에 사업장 관할의 지방 노동위원회에 인터넷으로 부당해고 구제 신청서와 필요한 자료를 첨부하면 돼. 3개월이 지나면 권리구제 신청권이 사라지기 때문에 3개월을 넘기면 안 되겠지.

부당해고 신청을 하면 처리기간이 2~3개월 이상 걸리는데, 그 기간엔 실업급여를 신청해서 받으면 돼. 당신이 승소한다면 이전 직장으로 다시 복귀할 수 있는데, 회사와의 틀어진 관계로 업무 복귀를 하기는 좀 불편할 수 있을 거야.

복직을 원하지 않을 때는 '부당해고 금전 보상제'를 신청할 수 있어. 회사 측에서 보상금을 지급하고 근로관계는 종료가 되는 거지. 금전 보상의 금액은 당신이 해고 기간 근로를 제공했을 때 받을 수 있었던 임금 상당액 이상이라고 보면 돼.

부당해고일 때는 이렇게 보상을 받을 수 있지만, 회사에 손실을 일으키거나, 경영상의 어려움으로 회사 사정이 악화하거나, 근로자에게 일신상의 사유가 생긴 경우에는 정당한 해고 사유로 인정돼.

억울하고 부당한 상황은 언제든 마주할 수 있어. '내게는 이런 일이 생기지 않을 거야.'라고 안일하게 있다가 이런 일이 생기면 당황스러울 거야. 언제, 어떻게 무슨 일이 생길지 알 수 없으니 자신을 위해 이런 부분들을 꼼꼼히 알아두고 현명하게 대응하는 것이 필요해.*

내 피 같은 월급 제대로 받기

2019년 고용노동부에 신고된 임금체불 건수는 22만 7739 건이라고 해. 회사의 사정이 좋지 않다며 월급 지급을 미루거나, 퇴사 후 약속된 위로금이나 퇴직금을 주지 않아 받지 못하는 일도 있어. 내가 일한 만큼 그에 합당한 임금을 받는 것은 당연한 건데 말이야. 생각보다 많은 사람이 이를 제대로 지키지 않아 피해를 보고 있어.

직장을 다니고 있는 경우라면 임금체불 기간이 길어질수록 전부 다 받을 수 있다는 확신을 할 수 없기 때문에, 2개월 이상 체납 시에는 근로기준법 위반 임금체불로 고소 및 퇴사를 진행하는 것이 좋아.

　나 같은 경우에는 해고통보를 받고 해고위로금을 받기로 합의한 후 퇴사를 했는데, 월급날이 되도록 돈이 들어오지 않았고, 해고위로금은커녕 마지막 근무한 달의 월급과 해고예고수당까지 받지 못했어.

　근로기준법상 퇴사 후 14일 이내에 근로자에게 퇴직금이나 임금 등을 지급해야 하는데, 회사 측은 연락도 받지 않아 인터넷으로 관할 고용노동지청에 진정을 넣게 되었어.

　진정을 넣을 때는 사유와 증거자료들을 첨부하면 되고, 한 달 정도 지나면 출석 요청이 오고 삼자대면으로 면담이 이루어지는데, 그때 가져갈 증거자료들을 최대한 잘 준비하면 돼. 기본적으로 근로계약서가 필요하고, 상황에 따라 준비해야 할 자료가 달라질 순 있어.

　나는 출근을 하지 않았다는 누명으로 월급을 받지 못했는데, 출퇴근 교통카드 내역과 출근해 있는 내 모습의 CCTV 캡처본, 월급을 받지 못했다는 통장 내역서 등을 증거자료로 냈어.

　해고위로금에 대한 것은 문서로 작성은 받지 않았지만, 녹취록을 제출했어. 서로 대화한 녹취는 증거자료로 쓸 수 있어. 상대가 동의하지 않은 녹취는 불법이라고 생각할 수 있지만, 서로간의 대화를 녹취한 경우에는 동의가 없어도 증거자료로 문제없이 제출할 수 있어. 제출 시 반드시 문서화해야 증거로 인정받을 수 있으니 속기록으로 꼭 작성해야 돼.

증거자료가 너무 많다면 요약본처럼 어떤 증거자료를 준비했는지를 적어서 가면 면담 시 감독관이 쉽게 보면서 판단할 수 있어.

증거가 명확하다면 진정 시부터 2~3달 내로 임금을 돌려받을 수 있어. 그런데도 돌려주지 않는다면 대한법률구조공단에 가서 '소액체당금'이라는 것을 신청하면 돼. 소액체당금은 근로자가 회사로부터 지급받지 못한 급여를 국가가 대신최대 400만 원까지 우선 지급해주는 제도야.

그런데 체납된 임금이 400만 원 이상이거나, 해고위로금은 근로기준법에 속해 있는 임금이 아니라서 노동청에서 강제할 수는 없어. 임금을 받기 위해서는 민사 소송으로 가야 해.

민사 소송이라고 하면 변호사나 법무사를 고용해야 할 것 같고, 변호사 선임 비용만 기본 백 단위가 넘나드니 시작도 하기 전에 겁을 먹고 포기하는 경우가 많아.

그런데 천만 원 미만의 소액 소송이면 전자 소송으로도 가능해. 단, 민사 소송은 시간이 오래 걸려. 그래서 마음의 여유를 충분히 갖고 시작해야 해. 지쳐서 포기하는 순간 지는 거야. 내가 노동청에 제출했던 명확한 증거들만 가지고 있다면 절대적으로 유리하다고 보면 돼. 마음만 굳건히 먹으면 돼.

혹시 사업주가 재산을 사전에 은닉할 것을 대비해서 가압류, 가처분 등을 미리 신청해두면 좋아. 전자 소송 비용은 10만 원 미만이고, 증거자료는 노동청에 제출했던 자료를 돌려받아서 제출하면 돼. 기간은 사건마다 다를 수 있지만, 나는 4월에 소송을 시작해서 10월 초에 판결문이 나왔고, 소송기간 동안 1~2회만 출석하면 되니까 취업을 하면서 충분히 진행할 수 있어.

법원에서 판결문을 내기 전 서로 합의를 하게끔 권하는데 회사 측에서 받아들이지 않는다면 몇 차례 더 기간이 연장되기도 해.

판결문이 나와도 회사에서 아무런 대응 없이 감감무소식인 경우도 있어. 그럴 때는 판결문을 가지고 은행에 가서 압류 신청을 하면 되는데, 회사가 사용하는 주거래 은행을 알고 있다면 그 은행으로 압류를 하는 것이 가장 좋아. 통장에 돈이 들어 있어야 압류를 했을 때 돈을 바로 받을 수 있어. 그렇게 해서 돈을 돌려받게 되면 소송은 마무리가 되는 거야.

혹시 지금까지 과정이 뭔가 복잡하고 어려웠니? 글로만 보면 어려울 수 있어. 하지만 실제로 그런 일이 닥쳤을 때 직접 해보면 크게 어렵지 않을 거야.

힘들게 일을 했는데도 불구하고 보상을 받지 못해 억울한데, 번거로운 절차까지 진행해야 한다니 정말 속상하지? 마음고생 많이 했어. 토닥토닥. 하지만 내 권리는 내가 찾아야 하는 거야. 이런 배움을 통해 임금체불도 해결하고 미리 대비할 힘을 기르자고!

당신이 누려야 할 권리를 그냥 놓쳐버리지 말고 소중하게 생각해. 스스로 소중하게 생각해야 다른 사람도 당신의 권리가 소중하다는 것을 알고 소중히 대해줄 거야.＊

13월의 월급, 연말정산도 똑똑하게 하자

/

/

/

13월의 월급이라 불리는 연말정산. 연말정산이란 내가 받는 급여소득에서 원천징수한 소득세의 과부족을 연말에 정산하는 거야. 즉, 1년 동안 실소득보다 세금을 많이 냈다면 그만큼의 금액을 돌려주고, 적게 거뒀으면 더 많이 징수하는 절차를 말해.

이제 사회초년생으로 연말정산을 처음 준비하거나 몇 번 해본 적이 없는 직장인이라면 어떻게 해야 내가 잘 돌려받을 수 있는지 어려울 수 있어. 나 또한 사회초년생 때는 그저 제출하라는 자료만 제출하고, 환급금이 나와도 모르고 지나간 경우도 더러 있었거든.

연봉협상으로 원하는 연봉을 받게 되더라도 많은 세금들이 나가기 때문에 연말정산을 무시할 수가 없어. 연말정산도 똑똑하게 해야 새는 독을 막을 수가 있겠지?

연말정산은 12월 말에 최종 근무지에서의 근로소득을 합산하게 되는데, 같은 해에 이직했다면 현재 다니고 있는 직장에서 연말정산을 해야 해. 이때 전 근무지에서 일했던 기간만큼의 근로소득 원천징수부를 발급받아서 현 회사에 제출해야 해.

전 회사의 원천징수부가 없다면 이미 낸 세금이 누락되어서 세금을 내야 하는 경우가 생길 수 있고, 종합소득세를 신고하는 5월에 전 직장 부분을 별도로 신고해야 하는 번거로움이 생길 수 있어. 만약, 전 회사에서 껄끄럽게 퇴사했다면 다시 연락해서 받는 것이 부담스러울 수도 있어. 그러니 다니던 회사를 그만두는 일이 발생하면 근로소득 원천징수부를 미리 챙겨야 한다는 것을 꼭 기억해둬.

연말정산에 앞서 확인해야 할 것이 있어. 바로 내가 계약한 연봉의 형태야. 연봉제라면 상관없지만, 네트 임금제로 실수령으로 월급을 받고 4대 보험과 추징금 모두 회사 측에서 부담하기로 했다면 연말정산 환급금이 나온다고 해도 회사 측에서 받게 돼. 네트 임금제로 계약을 하는 경우 연말정산 시 어떻게 되는지, 이 부분도 꼭 회사와 상의해서 정하는 것이 필요해.

나는 병원에서 근무했기 때문에 연봉제보다 실수령으로 계약한 때도 많았고, 그렇게 계약한 주변 직원들도 많이 있어서 늘 이런 부분이 문제가 된 적이 있었어. 그러니 제대로 확인하고 연말정산을 준비하는 것이 좋겠지?

연말정산을 잘 하기 위해서는 제출 자료를 꼼꼼히 챙겨야 하는데, 기본적으로 우리가 사용한 체크카드, 신용카드 그리고 현금영수증을 발급받은 부분들은 자동으로 자료가 올라가게 돼. 직장인들이 기본적으로 받는 소득공제 중 가장 많은 비율을 차지하는 부분이 바로 카드 사용액일 거야.

신용카드 사용액, 체크카드 사용액, 현금영수증은 내가 받는 총 급여의 25%를 초과하는 금액에서 소득공제를 받을 수 있어. 신용카드보다는 체크카드 사용이나 현금영수증 발급이 좀 더 유리해. 5000원부터는 현금영수증 발급이 가능하니까 간단한 것을 샀더라도 꼭 발급을 받는 게 좋아.

그리고 2018년도부터 도서 구입비용이나 공연 관람비의 지출분에 대해서도 30% 공제가 되고, 현재는 박물관이나 미술관 입장료도 신용카드로 결제할 경우 30% 소득공제가 돼. 월급이 적어서 문화생활을 제대로 즐기지 못했다면 이제는 문화생활을 즐기면서도 똑똑하게 소득공제까지 챙기는 거야.

사회초년생과 청년들이 가장 고민하는 내 집 마련을 위한 주택청약저축을 하고 있다면 이것 또한 세액공제를 받을 수 있어. 주택청약저축은 무주택확인서와 주민등록등본을 지참해서 가입 은행에 제출하면 납부금의 40%를 공제받을 수 있어.

아직 내 집 마련이 안 되어 월세로 자취를 하는 경우 월급에서 지출의 많은 부분을 차지하는 것이 바로 월세일 거야. 월세는 현금영수증으로 소득공제하는 방법과 회사에 월세 내역과 계약서 등을 제출하는 세액공제 두 가지 방법이 있어.

세액공제로 하는 경우 최대 90만 원까지 공제할 수 있으니 회사에 제출하는 것이 훨씬 유리할 수 있어. 현금영수증으로 소득공제를 하는 경우에는 홈택스에서 자료를 제출해서 신청할 수 있어. 혹시 집주인에게 불이익을 당할까 봐 염려한다면 걱정하지 마. 개인정보라 알 수도 없을뿐더러, 내가 낸 돈을 소득공제 받는 것은 당연한 거야.

어떤 자료들을 준비해야 하는지 알았다면 미리미리 챙겨두는 것이 좋고, 만약 그렇지 못했다 하더라도 연말정산 기간 중 누락 자료 신고 기간을 활용하면 돼. 그 기간에 자료를 꼭 수정 제출해야 연말정산 소득공제를 받을 수 있으니 기간을 잘 확인하는 것이 필요해. 특히나 월세로 소득공제를 신청하는 경우 먼저 증빙자료를 신고해서 등록이 되어야 연말정산에 합산되기 때문에 시간의 여유를 가지고 하는 것이 필요해.

이렇게 자료들이 다 제대로 신고가 들어갔다면 2월~4월 사이에는 환급금을 월급에 합산되어 돌려받을 수 있어. 단, 내 소득이 지출보다 많은 경우에는 추징금이 발생되기도 해. 만약 추징금이 10만 원 넘게 나왔다면 한 번에 월급에서 차감하는 경우 당장 생활이 부담될 수 있을 거야. 그럴 땐 분할 납부를 신청하는 방법도 있으니 활용해보면 좋을 것 같아.

그동안 잘 몰라서 제대로 챙기지 못했다면 지금부터는 소득공제를 받을 수 있는 부분들을 최대한 잘 챙겨서 '13월의 월급'을 받는 똑똑하고 야무진 직장인이 되길 바라.＊

청년을 위한 여러 가지 제도 활용하기

"김연아폰이 나왔대!"

"그게 뭔데?"

"그 있잖아, 화면이 터치된다는 폰!"

2009년, 내가 25살 때 터치가 되는 휴대폰이 나오기 시작했어. 스마트폰의 초창기라고 볼 수 있어. 지금은 휴대폰에 컴퓨터의 성능 못지않게 다양한 기능이 탑재되어 있고, 그 기능들을 일상에 자연스럽게 사용하고 있지만, 그 당시에는 정말 신세계였어. 불과 12년 전이었는데 말이야. 12년이 흐르는 사이 다양한 것들이 빠르게 생겨나기도 하고 변하기도 했어.

내가 사회초년생일 때 서울에 올라와 작은 원룸에서 월세로 생활을 시작했어. 그 당시엔 시급도 낮다 보니 첫 월급이 147만 원이었어. 이걸로 각종 세금을 내고 생활비로 써야 했어. 월세만 해도 30만 원이 넘다 보니 공과금, 생활비, 교통비 등을 떼고 나면 모이는 돈은 없고, 그냥 흩어지는 월급이더라.

그만큼 월세는 사회초년생들에게는 마음의 짐이고 어쩔 수 없이 숨만 쉬어도 나가게 되는 고정 지출이야.

이런 부담을 덜어주기 위해 나라에서 '청년 월세 지원제도'를 만들었어. 10년 전만 해도 상상도 못할 일이었는데 말이야.

청년 월세 지원제도는 서울시에서 먼저 시행을 했고, 신청 자격은 만 19세~만 39세까지 보증금 1억 원 이하, 월세 60만 원 이하 무주택자야. 중위 소득 120%라면 생애 1회 한정으로 월 20만 원씩 최대 10개월까지 지원을 해준다고 해. 조건에 해당된다면 당장 알아보는 것이 좋겠지? 2022년까지 계획 중인데 향후 예산 확보 등에 따라 연도별 계획은 변경될 수 있다고 해.

월세 말고도 고정으로 나가는 비용이 교통비지. 내가 어릴 때는 '회수권'이라는 종이로 된 표를 대중교통 이용할 때 냈었고, 20살 때 서울에 올라왔을 때도 교통카드란 건 없었고 노란색 표를 끊어서 지하철을 탔었는데 말이야.

지금은 할인을 받는 교통카드나 정액제 카드 등을 사용하면서 교통비를 절감하기도 하는데 그중에서도 대중교통비 30%를 절감해주는 '광역 알뜰 교통카드'라는 것이 있어. 우리가 지하철이나 버스를 이용하기 위해 걷거나 자전거로 이동하면 그 이동한 거리만큼 마일리지를 적립해주고, 카드사의 추가 할인 혜택까지 포함해서 최대 30%까지 절감해주는 거지.

교통비가 한 달에 7만 원이라고 한다면 한 달 동안 최대 21,000원 할인을 받을 수 있고, 1년이 되면 25만 원 정도의 돈을 절약할 수 있으니 귀가 솔깃해지지 않아? 25만 원이면 스타벅스 커피를 수십 잔이나 마실 수 있어.

힘든 청년들을 위해 월세 지원이나 교통비 절감으로 부담을 약간은 줄여줬지만, 돈 모으기 힘든 것은 마찬가지지. 그래서 사회초년생들의 목돈을 만들어주기 위한 '내일채움공제'라는 것도 생겼어. 내일채움공제는 사회초년생들을 위한 신규 내일 채움과, 재직 중인 재직자 내일 채움 두 가지가 있어.

만 34세까지 신청할 수 있고 월 12만 원의 납부로 신규 내일 채움은 2년, 재직자 내일 채움은 5년형으로 내가 낸 금액보다 2배 이상의 금액을 만들 수가 있어. 입사 후 회사에서 신청을 진행해줘야 하는 부분이지만, 회사에서도 세액공제 등의 혜택을 볼 수 있고, 직원의 장기근로로 이어지니 서로 윈윈하는 제도야.

그 외에도 만 19세~만 39세로 기준중위소득 80% 이내라면 암으로 인해 치료받고 소득이 불안정한 청년을 위한 청년 암환자 의료비지원사업이 있어. 또 적립 기간 내 결혼하면 만기 시 원금 4800만 원과 이자 수령이 가능한 충북청년 행복 결혼공제라는 제도도 있어서 신청기한 제한 없이 사업량 소진 시까지 신청이 가능해.

이 외에도 대전시에 거주하는 미취업 청년들을 대상으로 6개월간 매달 30만 원씩 지원해주는 청년취업희망카드 등 알아보면 청년들을 위한 다양한 제도들이 당신을 도와주기 위해 기다리고 있어.

예전보다 취업문이 더 좁아지고 성공하는 일이 쉽지 않다는 것은 알아. 그래서 더 나은 생활을 시작할 수 있도록, 나아갈 수 있도록 이런 다양한 제도들이 만들어진 거야. 알면 도움이 될 만한·일들이 많이 있지만 모르는 사람들이 많은 것 같아서 안타까워.

휴대폰만 있으면 뭐든 검색해서 알아볼 수 있는 세상이야. 힘들다고 움츠려만 있지 말고 다양한 제도들을 잘 활용해서 힘든 사회생활에 단비가 되길 바라.*

인생은 흘러가는 것이 아니라 채워지는 것이다.
- 존 러스킨

the first time in my life

여자라면 한 번쯤 경험하는 생리 증후군

/
/
/

여자라면 누구나 한 달에 한 번씩 겪는 생리. 생리를 하면 아무래도 생활의 불편함이 있고, 생리대 구매 비용도 들기 마련이야. 하지만 무엇보다 가장 힘든 건 통증인 것 같아. 사람마다 통증의 유무, 정도의 차이가 있지만, 증상이 심한 사람은 걷기 힘들 정도의 고통과 함께 일상생활에도 무리가 있는 경우가 많다고 해.

나는 13살에 첫 월경을 했는데 시작과 동시에 극심한 통증이 몰려왔어. 처음에는 '이게 뭐지?' 하고 당황했었어. 말로만 듣던 월경을 실제로 해보고 느껴보니 정말 다르더라고. 통증이 너무 심해서 매달 1~2일은 자다가도 깨는 날이 많았어.

일할 때 손에 땀이 나고 등 뒤로는 식은땀도 흐르고, 너무 아파서 일에 집중도 잘 안 됐어. 진통제는 일시적으로 통증만 가라앉힐 뿐이었어. 심하게 아픈 날은 하루에 8알 이상의 진통제를 복용하기도 했지.

통증만큼 힘들었던 것은 몸의 부기였어. 생리를 시작하기 2~3일 전부터 몸이 붓기 시작해서 생리가 끝날 때쯤 되어야 부기가 가라앉았고, 심할 때는 3~4kg 이상 부어서 기존에 입던 옷이 안 맞기도 했어. 그래서 그날만 되면 더 예민해지고 짜증이 났어. 나중에 돼서야 내가 생리 증후군을 겪고 있다는 것과 그 증상이 심하다는 것을 알게 됐어.

생리 증후군의 정확한 원인은 아직 밝혀진 것이 없어. 단지 생리 주기와 관련된 호르몬 변화가 주된 요인이라고만 알려져 있지. 어떤 사람은 도벽이 생겨서 자신도 모르게 작은 물건을 훔치기도 한다고 해. 그 외에, 생리 전날 폭식을 한다거나, 생리하는 날 속이 더부룩해서 소화가 안 되는 등 크고 작은 여러 가지 생리 증후군이 있을 수 있어.

나는 더 나은 생활을 위해 산부인과에 가서 상담을 받았어. 처음에는 프리페민정이란 생약을 추천해주셔서 6개월 정도 복용했는데 증상의 개선이 뚜렷하게 느껴지지 않았어. 그래서 다시 상담을 받으러 갔더니 이번엔 호르몬 조절 약인 '야스민'과 '야즈'를 처방해줘서 둘 다 먹어보았는데 내게는 '야즈'가 잘 맞았어. 이 약을 복용하고 나서 생리 증후군이 정말 많이 줄어들었어. 그래서 현재 6년째 이 약을 복용하고 있어.

약을 오래 먹으면 오히려 몸에 안 좋을까 걱정될 수도 있을 거야. 그래서 나도 매번 검사를 받고 다양한 곳에 문의를 해봤는데, 오히려 몸에 삽입하는 시술보다 약이 가장 안전하다고 하셨어. 그리고 약값이 저렴하지 않기 때문에 부담을 느낄 수도 있을 텐데 생리 증후군으로 약을 처방받아 사면 실비처리가 되기 때문에 비용의 부담도 덜 수 있어.

약을 복용하고 나서 내 생활은 완전히 달라졌어. 전보다 덜 붓고, 생리량도 많이 줄어들어서 덜 불편했어. 통증도 줄어서 진통제도 한, 두 달에 한 알 먹을까 말까야. 정말 살맛이 난다고나 할까?

여자는 임신하기 위한 호르몬이 한 달에 한 번씩 주기적으로 분비되는데, 이 호르몬의 영향으로 자궁내막이 증식돼. 임신 중 자궁내막이 튼튼해야 아이를 보호할 수 있을 테니까. 그런데 임신이 되지 않으면 이 자궁내막이 탈락이 되면서 생리가 일어나는데 탈락하는 양이 많을수록 통증이 생기게 되는 거야.

호르몬 조절 약은 이 자궁내막이 덜 증식되도록 하는 역할을 해주는 거야. 그러면 생리량도 줄고 통증도 줄게 되는 거지.

사실 내 자궁 속에는 작은 물혹이 있어. 서른이 넘으니까 자연스럽게 생기더라고. 이 물혹의 크기가 커지는지 주기적으로 검진을 받고 있었는데 호르몬 약을 복용 후 초음파 검사를 했더니 물혹의 크기가 많이 줄어들었더라고. 너무 신기했어. 의사 선생님 말씀으로는 자궁내막이 일을 덜 하니까 좋아진 거라고 하셨어.

여자로서 임신은 축복이긴 하지만 그 임신을 위해 자궁내막을 두껍게 만드는 것 때문에 오히려 생리 증후군이 생기고 물혹이 생기기도 하니 참 아이러니한 것 같아. '여자 몸의 특성'을 잘 알고 자신의 몸을 아껴주자고!

2020년 5월 28일 '세계 월경의 날'을 맞아 여성 410명을 대상으로 조사한 바에 의하면 생리통을 경험해 본 사람은 98%에 달했어. 이중에서 일상생활이 어려운 정도가 23%라고 해. 대부분이 생리통을 경험하며 힘든 일상을 보낸다는 뜻이야.

생리통으로 정신적·육체적 고통을 겪고 있다면 산부인과에 가서 검사도 받아보고 자신에게 맞는 방법을 찾아서 평범한 일상생활을 되찾는 것도 좋은 방법이야.

여러 노력에도 불구하고 생리 증후군으로 일하는 데 불편함이 초래된다면 생리휴가 제도를 이용해볼 수 있어.

여성 근로자를 특별히 보호하기 위한 제도로 상시 5인 이상 기업의 여성 근로자라면 매월 1일 무급으로 생리휴가를 청구할 수 있어. 근로시간, 직종, 개근 여부, 임시직, 시간제와는 무관하게 모든 여성 근로자에게 주어지지. 기업이 생리휴가의 제도를 지키지 않는다면 500만 원 이하의 벌금을 물게 돼. 그만큼 생리휴가는 생리 때문에 일하기 어려운 여성을 보호하기 위해 법으로 규정된 제도라는 거야.

그런데 현실은 주변의 눈치가 보여서 잘 사용하지 못한다고 해. 어려움을 겪는 여성들이 마음 편하게 사용할 수 있도록 생리휴가에 대한 사회적 인식과 조직 분위기의 개선이 필요해.

만약 생리휴가를 거짓으로 내고 휴가를 가거나, 쉬는 날로 생각하며 악용하는 일들이 생긴다면 생리휴가에 대한 인식이 안 좋아질 수밖에 없어. 이런 부분들로 업무에 차질이 생긴다면 당연히 좋아할 기업은 없을 거야. 여성의 권리를 제대로 찾고 누리기 위해선 제도의 규칙도 잘 지켜야 한다고 생각해.

목소리를 높이기 전에 나부터 먼저 규칙을 지켜보자! 그렇게 했을 때 나의 건강도 지켜지고 건강한 조직문화까지 이룰 수 있을 거야.＊

아름다움은 눈을 즐겁게 할 뿐이지만 착한 마음은 영혼을 매료한다.
- 볼테르

the first time in my life

대중교통 이용 중 교통사고 대처법

/
/
/

여느 때와 같이 퇴근을 하고 부쩍 더워진 날씨에 수박 한 통을 사서 택시를 잡아타고 집을 향해 가고 있었어. 혹시나 수박이 떨어질까 품에 꼭 안고 약간 졸음이 몰려와 멍한 상태로 앉아 있었는데 갑자기 쿵 하는 소리가 났어. 교통사고였어.

사고가 났을 때 너무 놀라서 '이게 무슨 일이지?'라는 생각만 들었어. 바로 택시 기사님이 뒤를 돌아보며 괜찮으냐고 물어보셨어. "네, 괜찮은 것 같아요."라고 말하자 기사님은 "그럼 택시비 줄 테니 다른 택시 타고 가세요." 하고 나를 떠밀더라고. 한 번도 겪지 못했던 일이라 집도 가까워서 그냥 택시를 타고 집으로 갔어.

집에 온 지 10분 정도 지났을까? 옆구리가 욱신욱신한 느낌이 들기 시작한 거야. 근데 그게 정말 사고 때문에 아픈 건지, 내 느낌만 그런 것인지 잘 모르겠더라고. 그래서 친구에게 교통사고 이야기를 했고, 친구는 당장 사고 장소로 같이 가자고 하며 나를 잡아끌었어.

다행히 택시는 교통사고 난 차와 합의 중이었는지 그 자리에 그대로 있었어. 그제야 내가 탔던 택시를 제대로 둘러볼 수 있었어. 소름끼치게도 내가 탔던 자리의 문이 움푹 들어가 있었어. 내가 탔던 택시가 1차선으로 달리고 있었고, 우회전 해야 하는 상황에서 2차선에서 달려오는 차의 거리를 무시한 거지. 그대로 우회전하면서 내가 앉았던 자리의 문과 달려오던 차가 충돌하게 된 거야.

친구는 기사님께 "사고를 냈으면 연락처를 주고 처리를 해주셔야지 사람을 그냥 보내세요?"라며 화를 냈어. 기사님은 "괜찮다고 하기에 그냥 보낸 거예요."라고 하면서 그제야 떨떠름한 미소를 지으며 연락처를 주셨어. 근처에 교통경찰이 있어서 순순히 주셨던 건지는 모르겠지만 말이야.

교통경찰관에게 "사고를 냈는데 피해자를 그냥 보낸 것은 뺑소니 아닌가요?"라고 물어봤는데, 교통경찰관은 "미성년 자도 아니고 그냥 가라고 한다고 간 건 뺑소니로 볼 수가 없어요."라고 하더라. 법이 뭐 이런지. 성인도 모를 수 있는데 말이야. 일단 연락처는 받았으니 내일 상태를 보고 다시 연락하겠다고 말한 뒤 집으로 돌아갔어.

다음 날 기사님께 전화를 걸어 상태가 좋지 않아서 병원에 가서 검사를 받겠다고 말씀을 드렸더니 기사님께서 "그거 아픈 거 아닌데. 그냥 단순히 놀라서 긴장해서 그런 거야."라고 반말도 모자라 꾀병 부리는 취급을 하더라. 너무 기가 막혔지. 기사님의 말은 무시해버리고 바로 병원으로 가서 검사를 받았어. 엑스레이 촬영 및 검사를 진행한 결과 전치 3주에 염좌와 추간판 팽윤(디스크 터지기 전 단계)의 진단을 받았어.

점점 시간이 지날수록 허리 통증이 심해졌어. 결국 다음 날 입원을 하게 되었고, 2주 동안 출근도 하지 못했어. 당시 가족이 모두 지방에 있고 일을 하고 있었기 때문에 입원할 당시 아무도 오지 못했고 친구들만 왔었어. 그래서 날 보호해줄 사람이 없었지.

입원한 지 3일 정도 되었을 때 보험사에서 합의하라며 날 찾아왔어. 남자 보험사였는데 합의가 아닌 거의 협박하는 느낌이었어. 70만 원인가 80만 원에 합의하라고 하더라. 내가 혼자라서 정말 만만해 보였나 봐.

나는 어떤 사건이 생기면 그 사건을 완전 깊게 파고드는 성격이야. 내가 다치기 싫어서 먼저 방어막을 찾는 거지. 절대로 당하지 않겠다는 일념으로 입원해 있는 동안 교통사고와 관련된 법을 눈만 뜨면 찾아봤어.

택시는 일반적인 교통사고와는 달리 공제조합으로 접수가 이루어지는데, 조합 측에서 보상보다는 자신들이 지불하는 비용을 최대한 줄이려는 태도를 보여. 그래서 당사자 간의 단순 합의로 끝내려 하거나, 작은 보상금에 빠른 합의를 하려고 하지. 내가 후에 출근길에 교통사고를 당했을 때 그 자리에서 바로 '얼마 줄 테니까 합의하자'는 식으로 제안을 받은 적도 있었어.

사고 당시에 불편한 부분이 심하지 않더라도 절대로 성급하게 합의를 해서는 안 돼. 교통사고 후유증은 언제 나타날지, 얼마나 오래갈지 알 수가 없어.

나는 첫 교통사고 때 나름대로 많이 알아보고 한 달 정도 치료를 받고 괜찮아졌다고 생각해서 당당하게 보험사 측에 "내가 출근하지 못한 날만큼 보상해줘야 하는 걸로 알고 있어요. 이 부분까지 다 계산해주면 합의할게요."라고 말했어.

보험사 측에서는 120만 원에서 더는 못 준다고 해서 그 금액을 받고 합의를 했어. 공제조합에서도 이 정도의 합의금이면 잘 받은 거라고 하더라고.

그런데 얼마 지나지 않아 예상치 못한 전개가 펼쳐졌어. 괜찮은 줄만 알았던 몸이 2리터 물통을 들 때, 큰 가방을 멜 때, 많이 걸었다 싶을 때 어깨와 목으로 통증이 몰려왔어. 설상가상으로 3개월 정도 지났을 때쯤에는 어지럼증까지 나타난 거야. 가만히 있어도 천장이 뱅글뱅글 돌아가는 것 같고, 조금이라도 뛰면 토가 나올 것 같고, 식은땀이 쏟아지는 거야.

일상생활이 어려워서 신경외과에 가서 검사를 받았더니 귀속에 있는 전정계 신경의 30% 정도가 손상되었다고 하는 거야. 교통사고 후유증이 그렇게 무서운지 그때 처음 알았어. 1년간 물리치료와 약물치료를 병행하면서 치료에 집중하자 괜찮아졌어. 합의금으로 받은 120만 원을 쓰고도 내 돈을 더 쓴 셈이지. 거기다 아파서 일을 못하고 쉰 것, 정신적인 고통과 일상생활의 힘듦을 모두 더한다면 5배는 받았어야 했어.

왜 그렇게 빨리 합의를 했는지 후회해도 소용없었지.

교통사고가 발생하면 절대로 즉시 합의해서는 안 돼. 우선 치료받는 것에 집중하고 6개월 이상 지난 후 그때 후유 장해 평가를 받고 합의해도 늦지 않아.

휴업손해 또는 근무하지 못한 기간의 월급, 위자료, 향후 치료비 등을 모두 산정해서 받아야 해. 월급은 실제 수입 감소액의 85%를 인정해주기 때문에 몸이 정상화되었을 때 일수를 계산해야 정확하겠지.

합의금을 청구할 때는 객관적으로 입증할 수 있는 자료를 미리 준비하고 적극적으로 대응해야 해. 진단서나 그 외 들어간 비용 등 손해가 발생한 부분에 대해서 입증자료를 미리미리 준비하는 것이 좋아.

교통사고 합의 기간은 지불보증으로 치료를 받은 날로부터 3년으로 정해져 있어. 그러니까 강요한다고 해서 흔들리지 말고 치료받는 것에만 집중하도록 해. 충분히 치료를 받은 후 괜찮아졌을 때 합의를 해도 늦지 않아.

OECD 국가 중 한국이 교통사고율이 5년째 최상위를 차지하고 있고, 2019년 교통사고율 건수를 살펴보니 229,600건이나 되었어. 정말 어마어마하지. 그만큼 교통규칙을 준수하지 않는 사람이 많다는 거야. 참, 부끄러운 일이지. 교통사고 관련 뉴스를 볼 때마다 교통법규가 개정되어야 한다는 생각이 많이 들어.

언제 어떻게 발생할지 모르는 것이 교통사고야. 혹시 당신이 운전을 하고 있다면 또는 면허증을 따려고 한다면 항상 안전을 우선으로 생각했으면 좋겠어. 택시를 타더라도 기사님께 안전한 운전 부탁드린다는 말 한마디가 필요하다고 생각해. 급하다고 빨리 가달라고만 하면 사고가 났을 때 돌이킬 수 없겠지.

그리고 교통사고가 나면 바로 사고접수부터 해야 한다는 것을 잊지 마! 그것이 당신을 지켜주는 보호막이 될 거야.*

금융지식도 자산이다

잘 살아가기 위해 떼놓을 수 없는 것 중 하나가 돈이라고 생각해. 우리가 입고, 먹고, 자는 기본적인 욕구 충족을 위해서도 필요하고, 그 외 여행, 배움, 취미 등 나를 위한 투자를 할 때도 필요하지.

이런 다양한 것들을 누리려면 금전적으로 여유로워야 하는데, 내가 당장 능력이 좋아서 돈을 무지막지하게 버는 것만이 금전적인 것을 여유롭게 하는 것은 아니야. 그것보다는 얼마나 잘 모으고 잘 활용하느냐가 중요해. 이걸 잘 하려면 금융지식을 먼저 키워야겠지?

사회초년생이라 월급이 적다 해도 금융지식을 잘 활용한다면 삶이 좀 더 나아질 수 있을 거야.

그러기 위해서 먼저 확인해야 할 것은 현재 나의 수입, 지출, 그리고 신용등급이야. 신용등급은 부채가 있는지, 연체된 것이 있는지 등의 상황에 따라서 달라질 수 있어. 신용등급이 좋을수록 금융을 활용할 때 유리해.

내가 26살 때, 그때는 금융지식이 많은 편은 아니어서 신용관리를 해주는 사이트에 가입해서 내 등급을 확인하고 관리하기 시작했어.

그런데 가입한 사이트에서 'A은행에서 대출조회를 했다'라고 알람이 온 거야. 한, 두 달 전쯤 대출 상담을 받으러 갔었는데 이제 와서 갑자기 문자가 오다니 너무 이상하잖아. 황당해서 바로 전화를 해서 확인했더니, 대출 상담을 담당했던 직원이 내 대출 상태가 양호한지 봐주려고 조회를 했다는 말도 안 되는 소리를 하는 거야. 그래서 금감원에 신고하겠다고 했더니 죄송하다며 바로 조회 기록을 삭제해줬어.

그 나이에 알림 사이트에 가입했을 거라고 생각을 못한 거지. 본인 동의 없는 조회는 당연히 하면 안 되는 건데 나름 이름 있는 은행에서 그런 일을 하니 황당하고 어이가 없었어.

과도한 신용조회는 신용등급에 영향을 줄 수 있어. 혹시라도 나중에 무슨 일이 생길지 모르니 미리 준비를 해두는 게 좋아. 요즘엔 유료 사이트가 아니더라도 카카오뱅크나 토스 등에서도 자신의 신용등급이나 점수 등을 확인할 수 있어.

그럼 신용등급을 올리기 위해서는 어떻게 해야 할까? 신용등급을 떨어뜨리는 요인 중 핵심 사항을 네 가지로 정리해봤어. 그러니 이 네 가지를 잘 기억하고 반대로 행동하면 돼.

첫 번째는 연체야. 연체는 신용카드 연체, 각종 세금 연체 등 모든 영역에서의 연체를 말해. 연체는 발생하는 순간 등급이 확 떨어지게 돼.

연체된 돈을 갚았다고 해도 바로 회복이 되지 않아. 만약 장기연체가 된다면 무려 5년간 금융사에 연체정보가 공유되기 때문에 그 기간이 지나갈 때까지 대출 등 금융 생활에 영향을 줄 수 있어.

두 번째는 보유하고 있는 부채건수야. 부채건수가 많을수록 신용평가에 좋지 않아. 상환할 능력이 된다면 적금 가입부터 하는 것이 아니라 오래된 대출부터 정리하는 게 신용에 이로워.

세 번째는 카드론이나 현금서비스 사용이야. 아무래도 빠르고 편리해서 사용하겠지만 신용거래 패턴이 불량해지고 부정적인 영향을 미치기 때문에 연체가 없어도 등급이 나빠질 수 있어.

네 번째는 과도한 신용카드 사용이야. 신용카드 사용 실적은 아예 없는 것보다 있는 것이 유리하지만, 과도한 사용이 아니라 통신비 및 공공요금 등을 자동이체로 등록해서 납부하는 거야. 이런 요금 납부들은 신용평가할 때 반영이 되기 때문에 중요해. 지역이나 기관, 발급한 신용카드의 종류에 따라 공공요금 자동이체 시 할인되거나 캐시백 받을 수 있는 혜택도 있으니 꼼꼼히 체크해보면 좋아.

신용등급 관리를 위해서 이제 어떻게 해야 하는지 잘 알 수 있겠지? 이렇게 신용등급을 잘 관리해두어야 나중에 급한 일이 생겼을 때 내 신용이 높아서 대출을 받을 때에도 혜택을 받을 수 있어. 그러니 미리미리 신용등급 관리를 해두자고.

자, 이제 신용등급 관리하는 방법은 알았으니 내 자산을 좀 더 늘릴 수 있는 방법과 지출을 줄일 수 있는 팁을 알려줄게. 돈을 모으기 위해서는 두 가지 방법이 있어. 바로 수입을 늘리거나, 지출을 줄이는 것이야.

먼저 고정된 수입을 어떻게 하면 모을 수 있는지 알려줄게.

보통 많은 직장인들이 월급을 받으면 적금을 넣어. 그런데 요즘 은행권 적금은 예전만큼 이율이 높지가 않아. 신협이나 농협 같은 경우에는 지역마다 이율이 다르기도 해. 그래서 잘 알아보는 것이 중요해.

은행은 기존 고객을 지키는 것만큼 신규 고객 유치도 중요하게 생각해. 그래서 은행마다 신규 고객에게 높은 금리를 주는 상품을 내놓기도 해. 이 신규 거래 우대상품을 공략하는 것이 좋아.

다들 회사에서 월급 받을 때 월급 통장을 따로 만들어서 받고 있을 거야. 은행에서 가장 좋아하는 고객 중 하나가 바로 월급 통장을 이용하는 직장인이라고 해. 일정한 금액이 매달 통장으로 들어오기 때문에 우대해주는 거지.

한 은행에서 급여 이체 통장을 가지고 있다면 우대금리를 받을 수 있는 적금에 가입도 가능해. 만약 내 주거래 은행이 A은행이지만 B은행에서 우대를 받고 싶다면 월급이 A은행으로 들어왔을 때 B은행으로 50만 원 이상 이체를 하는 거야. 이때 메모에 '급여'라고 적어서 이체하면 돼. 그러면 B은행에서는 급여이체로 보고 실적으로 인정하게 돼. 간단하지? 약간의 귀찮음만 감수한다면 급여 이체로 우대받는 상품도 문제없이 가입할 수 있어.

자, 이제는 지출을 줄이는 방법에 대해 알아보자.

급하게 돈이 필요한 경우 간혹 있지? 그럴 때마다 대출을 흔히 생각하는데 카드론이나 일반 신용대출 말고 마이너스 통장을 이용해보는 것도 좋아. 일반 신용대출은 일정 금액을 한 번에 빌리고 상환하는 방식이지만, 마이너스 통장은 한도 내에서 필요한 만큼 사용하고 사용한 만큼만 이자를 부담하기 때문에 훨씬 유연하게 자금을 활용할 수 있어.

또 사회초년생들이라면 가장 공감할 얘기 중 하나가 '월세살이'일 거야. 처음 집을 떠나 새로운 보금자리를 구할 때 전세보다는 월세부터 시작하는 경우가 많아.

그런데 월세를 알아보다 보면 눈이 자꾸만 높아지게 돼. 이왕이면 좀 더 괜찮은 집에서 살고 싶잖아. 문제는 조금 더 나은 집이 금액 차이는 어마어마해. 이 정도면 그렇게까지 안 비쌀 것 같은데도 차이가 나.

월세가 저렴한 집에서 살더라도 마찬가지야. 매달 꾸준히 나가는 돈은 부담스러울 수밖에 없어. 첫 시작부터 돈이 나가니 목돈을 모아야겠다는 결심에도 힘이 빠지게 돼.

청년들의 이런 부담을 줄여주기 위해서 주택도시기금에서 '청년 전세자금대출'이라는 제도를 시행하고 있어. 청년들을 위한 제도이기 때문에 만 34세까지 가능하고, 최대한 도는 7천만 원까지, 금리는 연 1.5%~2.1%로 매우 저렴해. 최대 10년까지 상환기간도 늘릴 수 있고, 반전세도 가능해.

이렇게 조금만 알아보면 저렴한 비용으로 대출해서 집을 구할 수 있어. 월세로 매달 돈을 공중에 날리는 것보다 전세로 살면서 열심히 돈을 모으는 게 더 현명하지 않을까?

우리가 사는 세상은 끊임없이 변하고 있고 금융 관련법도 계속 개정되고 있어. 지금까지 알려준 금융 정보는 사실 기본이야.

좀 더 똑똑하게 자산을 늘리려면 주식이나 부동산, 금융에 대해 꾸준히 공부해야 해. 월급 자체만으로는 자산이 될 수 없어. 그동안 몰라서 내 자산관리를 제대로 하지 못했다 해도 너무 자책하지는 마. 이제라도 알았으니 내게 맞는 방법은 뭐가 있는지 찾아보면 돼.

중요한 것은 지금 내게 있는 자산을 최대한 관리하는 것과 지출 자체를 줄이는 거야. 더불어 신용등급 관리까지 하면 금상첨화지. 무분별한 대출은 큰 리스크가 될 수 있어. 계획을 잘 세워서 풍요로운 경제적 자유를 얻길 바라.*

the first time in my life

Lesson 4

말과 태도에 품격이 담긴다

말은 운명의 조각칼이라고도 하지. 내가 사용하는 말대로 조각이 되는 거야. 굽은 말을 하면 굽어질 거고, 곧은 말을 하면 곧게 그려질 거야. 마찬가지로 좋은 말을 하면 좋은 사람이 될 수 있을 거야. 기왕이면 자신의 말을 예쁘게 조각하는 당신이 되었으면 좋겠어.

the first time in my life

당신의 말이 바로 당신이다

평소에 어떤 생각들을 하고, 어떤 말을 주로 하니? 혹시 생각해본 적 있니? 말에는 에너지가 있어. 내 입을 통해 나오는 말들은 내 자신에게도 에너지 파장이 미치기 때문에 밖으로 내뱉은 말은 곧 자신이 돼.

일하다가 실수를 해서 혼났다고 가정해보자. 나는 나 나름대로 잘하려고 했는데 인정받지 못하고 혼나면 아무래도 기분이 좋지는 않겠지. 하지만 그렇다고 "아, 짜증나 죽겠네.", "일하기 싫어 죽을 것 같아."라고 말한다면 어떨까? 기분이 좀 나아지고 후련해질까? 아니면 오히려 더 답답해지고 일하기 싫어질까?

그런 말을 내뱉는다고 감정이 시원해지진 않을 거야. 그럼 주변에서 나의 그 말을 들었을 때 사람들은 어떻게 생각할까? 만약 내가 저런 말을 내뱉은 게 처음이 아니라면 '쟤는 또 짜증내네.', '쟤는 왜 매번 징징거리는 거야?'라고 생각하면서 나를 짜증만 내는 사람으로 오해할 수 있어.

그렇게 이미지가 굳어버리면 관계에서도 나를 믿을 만한 사람이라고 생각하지 않게 되고 업무를 맡기거나 중요한 일을 해야 할 때 나를 제외할 수도 있어.

혹시라도 중요한 업무는 꼭 나를 제외하고 했다거나, 연차가 찼는데도 계속 같은 자리에 있다면 한번 내 삶을 돌아보는 것도 좋을 것 같아. 지금까지 살아오면서 내가 사람들에게 신뢰를 줄 수 있는 말을 했는지, 그저 짜증내면서 징징대기만 하지는 않았는지 말이야.

나는 한때 솔직한 것이 나의 매력이라고 생각했어. 그래서 내가 생각한 대로, 느낀 대로 말을 내뱉었어. 유하게 돌려가면서 말하는 것이 아니라 직설적으로 말을 했지. '직설적이다'라는 말은 좋게 말하면 '솔직하다'이지만 나쁘게 말하면 '이기적이다'로 볼 수 있어. 솔직하다는 가면으로 사실은 자기의 감정을 마구 내뱉은 거지. 상대방의 마음을 생각하지 않은 채 말이야.

내 오래된 친구들은 나에게 요리해주는 것을 싫어해. 그 이유는 내가 입맛이 너무 까다로워서야. 맛이 없으면 잘 먹지도 않을뿐더러 품평도 직설적으로 하거든. 내 입맛을 잘 아는 친구들은 내 입맛을 맞출 자신도 없을뿐더러 나에게 좋은 소리도 못 들을 것 같아 애초에 요리를 해줄 생각을 하지 않아. 그때는 그냥 그러려니 했는데 친구들이 내 말투에 상처를 받아서 그랬다는 사실을 알고 지금은 그러지 않으려고 노력해.

말이 칼이 될 수도 있다는 말, 들어본 적 있을 거야. 말 한마디로도 상대방은 상처를 받을 수 있어. 솔직하게 말하는 것과 밉게 말하는 것은 다른 건데 말이야.

솔직한 성격이라고 해도 좀 더 부드럽게 "날 위해서 신경 써줘서 고마워. 다음엔 소금을 덜 넣어보면 어떨까? 그럼 더 맛있을 것 같아."라고 말했다면 친구들이 나에게 요리해주는 것을 싫어하진 않았을 거라 생각해.

직설적으로 얘기하다 보니 나는 친구들 사이에서 센 캐릭터로 인식되었고, 직장에서도 센 언니 이미지였어. 심지어 내가 신목동에 살고 있을 때는 '신목동 싸움닭'이라는 별명까지 있을 정도였지.

이처럼 어떻게 말하느냐에 따라서 그 사람의 이미지가 만들어져.

나는 사회생활을 통해 많은 사람을 경험하면서 내가 내뱉은 말의 중요성을 깨달았어. 병원의 실장으로서 진료 상담을 할 때도 나는 환자의 입장이 아닌 병원의 입장에서 주로 말을 했던 것 같아. 나름 상담 동의율이 높다고 자부하고 있었고 상담을 잘한다고 생각했었어.

그런데 어느 순간 그 이상을 뛰어넘지 못한다는 것을 알았어. 왜 그럴까 고민하다가 깨달았지. '아, 환자는 병원의 매출만을 위해서 말하는 것인지, 정말 나를 위해서 말하는 것인지 다 아는구나.'라는 것을 말이야.

단지 말의 기술이 좋다고만 해서 말을 잘하는 것이 아니야. 상대방을 생각하는 마음에 따라 말의 품격이 달라져. 내 태도와 표정, 그리고 눈에 담긴 마음이 품격을 만드는 거야.

그 사실을 깨닫고 나서부터는 환자에게 좀 더 진정성을 드러낼 수 있도록 신경 썼어. 툭툭 내뱉는 말투도 예쁘게 바꾸려고 노력했지. 내 본모습을 가리던 센 캐릭터는 엷어지고 좋은 이미지는 덤으로 따라왔어.

여기서 '예쁘게'라는 표현은 단지 겉으로 드러나는 목소리

톤만 말하는 게 아니야. 내가 하는 말에 진심을 담아야 한다는 거야.

내가 좋은 생각으로 좋은 말을 했을 때 상대방이 진정성이라는 것을 느끼게 되고, 마음이 움직이게 되는 거야. 나 또한 그 마음에 영향을 받아서 더 좋은 태도와 마음가짐을 가지게 되고 말이야. 선순환이 되는 거지.

많은 사람들이 자기가 하는 말에 대해 크게 신경을 쓰지 않아. 살기도 바쁜데 그것까지 신경 쓸 틈이 없는 거지. 그렇지만 정말 중요한 게 바로 이 '말'이야.

"생긴 대로 말하고, 생긴 대로 행동한다."라는 말이 있어. 상황에 따라 이성적이지 못하고 감정대로 말한다는 뜻이야. 다들 한 번쯤 그런 경험 있을 거야. 화가 난다고 같이 소리 지르고 욕을 하고, 상대방이 무례하다고 나도 같이 무례해지는 것. 그 순간은 속이 시원할 수는 있지만 결국 그건 이기는 것이 아니라 지는 거야. 내 기분이 같이 나빠졌기 때문이지. 이기려면 상대방만 기분이 나빠야 하는데 나까지 기분이 안 좋다면 그건 지는 것과 같아. 소리 지르고 화를 내지 않아도 이길 수 있는 방법이 있어.

예를 들어 "너는 왜 이렇게 예의가 없니. 쩝쩝 소리 내면서 먹고 말이야."라고 직장상사나, 친구나, 시어머님이 말을 하면 웃으면서 이렇게 말해주는 거야. "그러게요. 정말 너무 맛있어서 저도 모르게 그만 소리 내고 말았네요. 지금까지 먹은 것 중에서 최고의 맛이에요. 다음에 또 해주세요."라고 말이지.

그러면 나는 너무 맛있어서 소리 낸 것뿐이니 화가 나지 않고, 상대방도 굳이 뭐라고 말할 이유가 생기지 않게 되지. 오히려 나를 더 좋게 보게 되는 계기가 될 거야. 음식이 대해 칭찬해줬으니까.

한번 쏟아낸 말은 다시 주워 담을 수 없어. 그리고 그 말은 부메랑이 되어서 내게 돌아오게 돼. 상대 기분 나쁘라고 한 말이 사실은 내게 부메랑이 되어서 돌아온다면 그 말은 하지 않는 게 좋겠지.

말은 운명의 조각칼이라고도 하지. 내가 사용하는 말대로 조각이 되는 거야. 굽은 말을 하면 굽어질 거고, 곧은 말을 하면 곧게 그려질 거야. 마찬가지로 좋은 말을 하면 좋은 사람이 될 수 있을 거야. 기왕이면 자신의 말을 예쁘게 조각하는 당신이 되었으면 좋겠어.*

나 누구랑 얘기하니? 직장 내 의사소통법

대화하다 보면 나는 상대방에게 의사를 충분히 전달했다고 생각했는데 잘못 전달되어 다른 이야기를 했던 경험, 아마 누구나 있을 거야. 사적인 관계에서도 잘못된 의사소통은 문제를 발생시키는데 직장생활에서는 더 안 좋은 결과를 가져올 수 있어.

사회생활에서 일을 잘한다는 의미는 단지 업무능력뿐만 아니라 의사소통 능력도 포함이 돼. 직장에서 의사소통이 왜 그렇게 중요할까? 그건 직장은 조직 생활을 하는 곳이고 조직 속에서 직접적·간접적으로 서로 영향을 주고받는 곳이기 때문이야.

병원종사자는 환자의 안전을 최우선으로 두고 일을 해야
해. 만약 직원들 간의 의사소통이 제대로 이루어지지 않으면
환자의 안전에도 문제가 생길 수 있어.

실제로 데스크에서 환자의 약 알레르기 부분을 확인하고
기록하지 않아서 진료실에서는 알지 못해 잘못 약을 처방해
서 환자가 응급실에 실려 간 적도 있었어.

바쁘다 보니 미리 체크하지 못해서 기록하지 못하고, 전달
이 안 되어 문제가 생기기도 하고, 애초에 전달이 잘못되어
환자의 진료 재료가 바뀌는 일도 있었어. 병원은 환자의 안전
과 생명이 오고 가는 곳이기 때문에 더더욱 소통의 체계는 중
요해.

회사에서도 마찬가지야. 거래처와 미팅을 하는데 서로 소
통이 되지 않아 실수하면 어마어마한 손실을 발생시킬 수도
있어.

대학교 3학년, 졸업을 앞둔 어느 날이었어. 교수님들이 졸
업반 학생들을 위해 만둣국을 사준다고 하셨어. 우린 마냥 신
났지. 그렇게 맛있게 먹고 끝났다면 좋았을 텐데 문제가 생겼

어. 학생회장이 교수님들이 만둣국을 사주시는데 우리도 보답을 해야 하지 않겠냐면서 1인당 3만 원씩 걷어서 선물을 사자는 거야. 3학년 전체 학생이 160명인데 3만 원씩 걷으면 무려 480만 원이 모이는데, 그렇게 큰돈으로 도대체 어떤 선물을 산다는 건지 이해할 수 없었어.

이전에도 학생회에서 다양한 명목으로 돈을 걷어간 적이 많았지만 제대로 쓰인 적이 없었고 투명하게 공개한 적이 없어서 불만이 있었는데 이번 사건으로 참았던 불만이 터진 거야. 결국, 교수님들에게까지 불똥이 튀었지. 만약 졸업반이니 먼저 교수님들에게 감사한 마음으로 선물을 드리자고 했다면 이런 반응까진 나오지 않았을 거야. 이렇게 같은 말이라도 전달하는 순서에 따라서 반응이 달라질 수도 있어.

2020년 10월 '사람인'에서 직장인 1441명을 대상으로 한 '직장생활 말하기 구사 능력'에 관한 설문 조사에 의하면 응답자의 95.6%가 "대화 기술은 업무에 중요한 역할을 한다." 고 답했어. 직장 안에서 의사소통 능력을 활용해 필요한 도움을 얻을 수 있고, 업무 성과를 창출할 수도 있다고 해.

또 〈아시아경제〉에서 한 '기업문화 문제점 설문 조사'에서는 직장 내 갈등의 주요 원인이 '조직 내의 불통으로 업무와 관련해 의사소통이 되지 않아서'가 67.2%로 가장 높은 순위를 차지했어. 그만큼 직장 내 의사소통은 중요해.

그렇다면 어떻게 해야 의사소통을 잘하는 걸까? 직장에서 제대로 된 소통으로 인정을 받으면서 예쁨까지 받을 수 있는 꿀팁을 알려줄게.

첫째, 내 생각을 정확하게 전달하는 거야. 평소 '나는 전달하고자 하는 말을 제대로 한 것 같은데?'라고 생각할 수 있겠지만, 내가 생각한 것을 그냥 말하는 것과 상대방이 받아들이는 것은 다를 수 있어.

육하원칙에 따라 구체적으로 말하되 반복적으로 설명해야 해. '경영의 신'이라고 불리는 잭 웰치는 "열 번 이상 말하지 않았으면, 한 번도 말하지 않은 것과 마찬가지다."라고 말했어. 스쳐 지나가듯 내 생각을 말하는 건 상대방한테 제대로 기억되지 않아.

둘째, 생각과 사실을 구분해야 해. 전달하고자 하는 말에서 무엇이 진짜 일어난 '사건'이고, 무엇이 그 사건에 대한 '내 생각'인지 명확히 분리해서 말해야 해. 모호하게 사건인 듯 내 생각인 듯 섞어서 말하게 되면 상대방은 무슨 말인지 알

수가 없고, 명확한 판단을 할 수가 없어. 특히 상사에게 보고할 때는 사실을 먼저 말하고 생각을 뒤에 말하는 습관을 들이는 게 좋아.

만약 오늘 컴플레인 한 고객에 대해 보고하는데 직원이 "오늘 〇〇〇 고객님이 갑자기 화를 내면서 물을 바닥에 쏟아버리고 소리를 질렀습니다. 〇〇 때문인데 소리 지르고 욕을 해서 다른 고객들에게도 문제가 될 것 같아서 일단 상담실로 모셨는데 저를 밀치면서 욕을 하셔서 기분이 안 좋았습니다."라고 한다면 보고를 받는 상사는 어떤 기분이 들까? '그래서 뭐어쩌라고? 네 기분이 나쁜데 그래서 어떻게 해결하겠다는 거야?'라는 생각이 들 거야. 사실과 감정이 섞여서 결국 '기분이나쁘다'로 귀결되어 버리면 사건 해결은 아무것도 안 되고 그저 기분만 나쁠 뿐이야.

이때 사실과 생각을 분리해서 결론을 도출한다면 좀 더 객관적인 보고를 할 수 있어.

"오늘 고객이 컴플레인을 했습니다. 〇〇〇 때문에 화가나서 그렇다고 말했고, 마시던 물을 바닥에 쏟아버리면서 큰소리로 〇〇〇이라고 욕을 했습니다. 제가 생각했을 때는 앞전에 이러한 일들이 있어서 화가 난 것 같습니다. 이전에도이런 문제로 다른 고객님이 컴플레인 한 적이 있었는데 이번 기회에 이 부분을 수정 보완해야 할 것 같습니다."

어때? 왜 이런 사건이 일어났는지 명확히 알 수 있고, 내 생각과 분리가 되니 사건 해결 방법도 찾을 수 있게 되지?

보고뿐만 아니라 상대와 대화할 때도 마찬가지로 사실과 생각을 분리해야 서로의 기분이 상하지 않게 대화할 수 있어.

셋째, 상대방의 말을 귀담아듣고 내용을 한 번 더 확인하는 거야. 그러면 의사소통에 오해가 생기는 것을 방지하고 복습 효과로 업무 내용을 더 뚜렷하게 기억할 수 있어.

상사가 업무 지시를 했을 때 "네! ○○○을 내일까지 하라는 말씀이시죠? 그렇게 진행하겠습니다."라고 대답하면 상대방도 본인의 지시사항을 한 번 더 확인할 수 있어.

넷째, 열린 마음을 갖는 거야. 미국 캘리포니아 주 상원의원 바버라 복서는 "마음을 열고 다른 사람의 소리를 들어라. 다른 사람들도 너처럼 저마다의 소신이 있단다."라고 말했어. 의사소통을 잘하려면 상대에게 관심을 두고 상대방이 말하지 않는 내면의 목소리에도 귀를 기울여야 해.

우리는 말을 할 때 늘 무엇을 말하느냐에 초점이 맞추어져 있어. '무엇을 말해야 효과적일까?'라고 생각하는 거지. 그런데 어떤 말을 하느냐보다 어떻게 말하느냐가 중요해.

　의사소통은 상대방에게 관심을 두고, 경청하고, 나를 이해 시키려 반복적인 노력을 했을 때 능력이 발휘되는 거야. '나는 말했으니까 됐다'라는 생각을 버리고 그들이 이해했는지 관심 있게 바라볼 때 '좋은 의사소통'을 할 수 있어.

　앞에 있는 나무만 바라보는 것이 아니라 전체 숲을 바라볼 수 있는 시야를 가지길 바라.＊

남들이 나와 같지 않다는 점을 인정하라.
- 존 그레이

부정적인 말과 태도에 대처하기

/
/
/

'난 너무 한심해.'

'내가 이런 일을 잘할 리가 없잖아.'

'왜 이렇게 못해?'

우린 살아가면서 가끔 부정적인 생각을 하기도 해.

그런데 매번 세상만사에 불평불만을 해대는 사람도 있어. 부정적인 태도는 언제나 우리 주변에 있고, 어디서나 발견할 수 있어. 인터넷상이든, 직장에서든. 그런 사람들은 다른 사람들의 생각을 부정하고 깎아내리려고 해. 마음에 안 드는 점을 말하지만 어떻게 하고 싶은지는 말하지 않지. 건강한 비판이 아닌 비난을 하면서 자신과 상대의 기력을 소진만 시켜버려.

타인의 부정적인 태도를 자주 접하게 되면 나의 삶에도 영향을 미칠 수가 있어. "칭찬은 고래도 춤추게 한다."라는 말처럼 긍정적인 말과 칭찬은 좋은 에너지를 끌어올려 사기를 충전시켜 주지만, 부정적인 말과 태도는 사람의 사기를 저하시키고 안 좋은 생각까지 들게 해.

유명한 연예인들도 우리가 보았을 땐 남부러울 것 하나 없어 보였는데, 자신을 향한 부정적인 말들을 견디지 못해 안 좋은 선택을 하는 경우도 종종 보게 돼.

나는 일을 할 때 자신감이 충만한 사람으로, 웬만한 일에는 주눅이 들지 않는 편이야. 그런데 이전에 일했던 C병원에서는 내가 하지 않은 일도 내가 한 것처럼 전 직원이 다 보는 앞에서 나를 내리깔고 무능력한 사람으로 대했어. 사소한 일도 큰 실수처럼 과장해서 크게 키웠지. 내가 잘못한 것이라면 당연히 받아들일 거야. 그런데 하지 않은 일도 내가 한 것처럼 몰아가고 인격 모독을 하니 참기 힘들었어.

'이 사람은 왜 나한테 이렇게까지 하지?'라는 생각이 들었지만, 굳이 문제를 크게 만들고 싶지 않아서 대처하지 않고 감정을 계속 눌러왔어. 그렇게 참기만 하다 보니 점점 자신감이 떨어지고 일하는 것에 대한 두려움이 생겨났어. 일하면서 이런 기분을 느낀 적은 처음이었지. 평소 자신감 넘치던 사람도 부정적인 언행을 계속 대면하게 되면 이렇게 될 수도 있다는 것을 그때 처음 알았어.

부정적인 사람들에게는 공통적 특징이 있는데 바로 타인의 감정에 공감하는 능력이 부족하다는 거야. 자기애가 너무 강하기 때문에 그렇다고 해. 그리고 문제의 원인을 자신에게서 찾는 것이 아니라 다른 사람의 탓으로 돌려 불평이 끊이질 않지. 누군가를 끊임없이 욕하고 질투하고 말과 행동이 점점 더 심해져.

부정적인 사람이 내 주변에 있다면 우선 잘 대처하고 상쇄하는 것이 중요해. 그렇지 않으면 내가 그랬던 것처럼 그 부정적인 기운에 빨려들어 갈 수 있어. 그렇다고 그들을 무시하라는 것은 아니고, 정서적으로 어느 정도 거리를 두는 것이 필요해. 그들의 부정적인 면을 부추기지도, 비난하지도 않는 중립적인 상태를 유지하는 거야.

직장 동료나 상사여서 어쩔 수 없이 대화에 참여하게 되더라도 "그렇구나.", "알겠습니다."라고 말하고 대화를 최대한 빠르게 끝내며 흘려버리는 거야. 가장 좋은 것은 "지금 업무가 밀려서", "지금 뭘 해야 해서"라고 하며 접하는 시간을 최대한 줄여보는 거야. 말을 할 때는 최대한 부드럽게 말을 해주는 거지.

부정적인 상황에 놓이더라도 자신의 뚜렷한 입장과 주관을 키워서 옳고 그름을 분별하는 거야. 그 상황에 휘둘리지 마. 상대가 생각 없이 내뱉는 말을 내가 진지하게 받아들일 필요는 없어.

모든 인간관계에서 벌어지는 문제는 당장 해결하려고 해도 바로 해결되지 않는 경우가 많아. 그러니 '저 사람은 왜 나한테 저렇게 말하지?'라고 생각하며 스스로 힘들게 하지 않아도 돼. 그러면 그 사람이 이기게 만드는 거야. 그 사람은 너의 기분을 망치는 것이 목표거든. 항상 마음의 여유를 가지는 것이 중요해.

나를 괴롭히고 힘들게 하는 사람에게 최고의 복수는 내가 말로 이겨서 짓누르는 것이 아니라 나 자신이 정말 행복해지는 거야.

나도 마음의 상처를 받아서 힘들었지만, 똑같이 되갚는 복수보다는 내가 행복해지는 길을 찾아서 열심히 노력하고 있어. 내 노력으로 나의 행복이 스스로 빛을 발할 때 자연스럽게 복수가 되는 거야.

사회생활에서 힘든 상황이 오더라도 자기 자신을 너무 억누르려고 하지 말고, 어떻게 해서든 복수하려고도 하지 마. 그보다는 자신의 행복을 위해 내가 무엇을 할 수 있는지 생각해봤으면 좋겠어. 당장은 쉽지 않고 힘들 수밖에 없겠지만, 시간이 지났을 때 '나 참 잘해온 것 같아.'라는 생각이 든다면 성공한 거야.＊

영원히 살 것처럼 꿈꾸고 오늘 죽을 것처럼 살아라.
- 제임스 딘

겉멋 VS 속멋

/

/

/

'나는 멋있는 사람이 될 거야.'

'나는 멋진 커리어 우먼이 될 거야.'

대학을 졸업하고 사회초년생이 되면 이런 생각과 다짐을
하게 돼. 그리고 멋진 커리어 우먼이 되기 위해 자신의 분야
에서 차곡차곡 업무 스킬을 쌓아가면서 내면의 성장을 위해
노력해.

그런데 겉멋에만 치중하는 사람들도 있어. 사회생활하면서
단정하게 보이고 좋은 이미지를 만들기 위해서 관리는 필요
해. 그렇지만 자신의 내면은 가꾸지 않고 일차원적인 자기만

족과 남들의 이목 때문에 겉멋만 부리는 것은 사치에 불과해.

요즘 다들 플렉스, 플렉스 하는데 플렉스는 자신의 성공이나 부를 뽐내거나 과시한다는 의미야. 내가 성공해서 뽐내는 것과 속은 빈털터리인데 겉만 뽐내는 것은 너무나 달라.

나도 겉으로 보이는 것만 생각하고, 단순한 만족을 위해서 사치를 부리던 때가 있었어. 20대 초중반이면 한창 꾸미고 싶어 할 나이잖아. 나도 그랬어.

독립해서 월급도 받고, 간섭하는 사람도 없으니 내 월급이 얼마든 상관없이 카드를 할부로 긁어대며 비싼 브랜드 옷과 신발 등을 사기 시작했어. 특히 백화점 화장품 매장에 가면 친절하게 상담도 해주고, 사는 만큼 사은품도 많이 챙겨주고 대우받는 느낌이 들었어. 그래서 그 나이대에 사용하기엔 고가인 화장품을 종류별로 사면서 만족감을 느꼈지.

그런데 그 만족감은 오래가진 못했어. 처음에는 한번 사면 어느 정도 만족감이 지속되었지만, 점점 그 주기가 짧아졌어. 내 겉모습을 화려하게 꾸미기 위해서 더 자주, 더 많이 사야만 했어. 하지만 내 월급은 고작 200만 원. 무한정 돈을 쓰기엔 부족했지.

사람은 같은 에너지 파장을 가진 사람끼리 끌어당긴다고

하잖아. 내가 허영심으로 가득 차 있으니 남자도 그런 사람이 오더라고. 자신의 진짜 모습은 감추고 겉만 화려하게 꾸며서 말하는 사람. 지나가는 사람들을 여러 조건으로 점수를 매기며 웃던 사람. 지금 생각해보면 앞뒤가 안 맞는 말들이었는데 그 당시엔 왜 그 사람이 하는 말이 다 좋게 보였을까?

그런 생활 끝에 남는 건 허망함과 카드 할부금뿐이었어.

스타벅스 커피를 들고 다닌다고 해서 잘나가는 인생이 아니야. 명품으로 치장한다고 나 자신이 명품이 되는 것도 아니야.

'멋'이라는 말을 찾아보면 '차림새, 행동, 됨됨이 따위가 세련되고 아름다움 또는 고상한 품격'이라고 나와. 이렇듯 멋이라는 건 겉모습만을 말하는 게 아니야.

내면을 채우는 것이 중요해. 사람의 진정한 가치는 그 내면이 얼마나 알차고 쓸모가 있고 아름다운가에 있어. 한 겹 벗겨냈을 때 초라한 알몸만 드러나는 겉멋이라면 한두 번 속고 지나쳐 가지만, 내면에서 우러나오는 멋은 해를 거듭할수록 퇴색되는 법이 없어.

멋있는 사람이라고 했을 때 떠오르는 사람을 말한다면 유재석을 빼놓을 수 없지. 유재석은 언행부터가 된 사람이라는

것이 느껴져. 안 보이는 곳에서도 늘 최선을 다하고, 사람들
도 잘 챙기는 모습이 정말 멋있는 것 같아.

높은 자리에 올라 있음에도 항상 겸손하고, 〈무한도전〉부
터 〈런닝맨〉에 이르기까지 방송을 위해 체력을 길러놓지 않
으면 안 되겠다는 자기 분석과 상당한 노력을 통해 지금의 모
습을 만들고 있는 거야. 유재석이 겉만 화려하게 치장하고 말
만 현란하게 했다면 지금의 자리까지 오를 수는 없었을 거야.

그렇다면 어떻게 내면을 채워야 할까? 또 무엇으로 채워야
할까?

강요와 강제가 아닌, 무엇이 나에게 필요한지 생각해보고
필요를 느껴 스스로 하는 배움이 그 한 가지가 될 수 있어. 그
게 어떤 배움이든 삶이 풍요로워지면서 즐거움도 느끼게 될
거야.

예전의 나에게 책은, 잠시 재미를 주는 일회성 오락 같은
것에 불과했어. 누군가의 권유로 좋은 책을 읽는 것이 나에겐
강요였고, 좋은 책을 보는 것 자체가 숙제 같았어. 그랬던 내
가 글쓰기를 시작하면서 수동적이었던 그때와는 달리 필요에
의해서 스스로 서점에 가기 시작했고, 서점에서 몇 시간이고
책을 보는 나를 발견하게 됐어.

책을 보면서 다양한 아이디어도 떠오르게 되었고, 나에게 도움이 되는 글귀들을 보면서 속이 채워지고 있다는 느낌이 많이 들었어. 그리고 내가 느낀 그 느낌을 주변 사람들도 느끼게 되더라. 시야를 달리하니 전혀 새로울 것 없는 것들이 나의 필요만으로 새로움을 주는 것으로 바뀌는 것이 신기했지.

지금 나에게 무엇이 필요한지, 어떤 것들이 내 삶에 도움이 될지를 먼저 생각하고 실행하면 어느덧 내면이 꽉 차 있는 자신을 만날 수 있을 거야. 그렇게 알차게 속멋과 겉멋까지 채워 제대로 멋을 부릴 줄 아는 진정 멋있는 사람이 되길 바라. *

부드러운 말로 상대를 설득하지 못하는 사람은
위엄 있는 말로도 설득하지 못한다.
- 안톤 체호프

변명하지 말고 행동으로 보여주기

/
/
/

우리는 매년 연초가 되면 새로운 다짐을 해.

'올해는 다이어트에 성공할 거야.'

'이번엔 영어공부를 꾸준히 할 거야.'

'능력 향상을 위해서 자격증 취득을 하겠어.'

이번에는 새로운 마음가짐으로 꼭 해낼 거라고 꿈을 위한 목표를 세워.

그런데 늘 작심삼일처럼 시간이 지나면 어느새 열정이 사라져 원래대로 돌아가 버리곤 해.

바로 행동력이 부족하기 때문인데, 이 행동력은 의지력에서 나와. 반드시 해야만 하는 이유가 없고 그저 '하기 싫지만 해야 하는 일이니까'라고 생각하면 끝까지 해내야 하는 당위성이 없어서 포기하게 되는 거야.

매번 이렇게 반복하다가 결국 주저앉게 되면 작년과 다를 바 없는, 멈춰버린 사람이 되는 거야.

직장에서 나의 가치를 인정받고 성공한 삶을 살고 싶다면 꿈만 꾸지 말고 행동해야 해.

회사에서 상사가 업무 지시를 내렸어. 한 명은 "네. 바로 진행하겠습니다."라고 했고, 다른 한 명은 "아…… 네……."라고 대답했어. 상사는 누구의 대답을 마음에 들어 할까? 바로 전자야. 지시 내린 것에 바로 하겠다고 대답하니 자기의 지시를 잘 이행할 것처럼 보이고 적극적으로 보일 거야.

그렇지만 대답은 똑 부러지게 해놓고 일 처리를 차일피일 미룬다면 어떨까? 업무를 하겠다고 해놓고선 제대로 안 하고 말로만 그럴싸하게 대답한다면 시간이 지날수록 결국 아무도 나를 신뢰하지 않게 될 거야. '쟤는 말만 잘해', '저 사람은 말뿐이야'라고 생각할 테니까.

모든 일에 있어 가장 간결한 대답은 바로 '행동'이야. 말만 하고 아무 행동을 하지 않는 사람은 대답도 안 한 것일뿐더러 상대를 무시했다는 생각까지 들게 해. 자신이 내뱉은 말에는 책임을 져야 해.

"능력은 있는데 기회가 없어서요.", "할 수는 있는데 제가 시간이 없어서요." 같은 말은 게으른 사람의 변명일 뿐이야. 껍질을 깨지 않고는 알맹이를 가질 수 없어. 일을 수행하려면 행동력이 필요해.

자신의 꿈을 이루기 위해서도 시도해보려는 행동이 있어야 해.

'나는 친절한 병원 실장님이 될 거야.'라고 다짐해놓고, 환자에게 말만 상냥하게 하고 실질적인 도움을 주지 않는다면 환자들은 그 마음이 진심으로 와 닿지 않을 거야.

거동이 불편한 환자를 먼저 나서서 챙겨주거나, 환자가 주변 시설을 물어볼 때 그저 "제가 여기 주변을 잘 몰라요."가 아니라 알아봐 주려는 노력. 이런 행동들이 말을 많이 하지 않아도 '여기 직원 분은 참 친절하네.'라고 느끼게 해주는 거야. 그런 작은 행동 하나하나가 자신을 만들어 가고 나의 목표를 이룰 수 있게 이끌어 줘.

가수 성시경이 TV 프로그램 〈아는 형님〉에 나와서 이런 말을 했어. 그는 평소 요리를 좋아해서 인스타그램에 요리 사진을 많이 올렸다고 해. 그러다 인스타 팔로워 수를 늘리기 위해 인스타그램 본사에 여권 사진을 수차례 보내 본인 인증을 신청했대. 연예인으로 인증되면 팔로워 수가 자연스럽게 늘 테니까 말이야. 그런데 요리 사진만 있다 보니 연예인이 아니라고 생각해서 인증이 계속 안 되는 거야. 자신의 본업인 가수로 활동하는 사진이나 개인 사진이라도 몇 장 있었다면 이런 오해는 없었을 거야.

나도 강사로서, 병원 컨설팅을 하고자 하는 사람으로서, 나의 브랜딩을 위해 블로그와 인스타그램 활동을 하고 있어. '강사 정은지'를 검색하면 내가 했던 강의 현장과 내가 쓴 칼럼이 나와서 내가 어떤 일을 하는 사람인지 알 수 있게 꾸준히 글을 쓰고 있어. 그저 맛있는 음식 사진과 좋아하는 고양이 사진만 올렸다면 나의 SNS를 보고 내가 어떤 일을 하는 사람인지 알 수 없을 거야.

말도 나를 표현하는 방법이지만, 행동력과 보이는 것들 또한 나를 표현하는 수단이야.

'메리비안의 법칙'이라는 것이 있어. 사람의 첫인상을 결정하는 요소에는 시각적 요소, 청각적 요소, 말의 내용 3가지가 있는데 이 중 시각적 요소가 55%로 가장 큰 영향을 미친다고 해. 사람들은 말보다 나의 보여지는 모습을 먼저 본다는 말이야.

그저 감나무에서 감이 알아서 떨어지길 기다리며 입 벌리고 누워만 있다면, 세월아 네월아 하면서 내가 목표했던 꿈은 점점 멀어질 수밖에 없어. 당신이 나무를 조금이라도 흔들어 보려는 행동력을 가진다면 좀 더 빨리 달콤한 목표인 꿈에 다가갈 수 있을 거야.*

마음을 열고 다른 사람의 소리를 들어라.
다른 사람들도 너처럼 저마다의 소신이 있단다.
- 바버라 복서

말과 태도에 품격이 담긴다

/

/

/

투자의 귀재인 미국의 기업가 워런 버핏은 비즈니스에서 태도의 중요성에 대해 이렇게 말했어.

"평판을 쌓는 데는 20년이 걸리지만 무너뜨리는 데는 5분이면 충분하다."

사람들은 상대방의 말과 행동은 잊어버릴 수 있지만, 그 말과 행동들로 인해 느낀 기분과 감정은 잊지 못해. 그러니 특히 평판으로 먹고 사는 직업이라면 더욱 조심해야 해. 사소한 행동과 말들이 모여서 내가 되고, 그런 일상의 감각이 더해져 나의 태도를 만들고 언어를 탄생시켜.

우리가 친구를 추억할 때도 '얘가 반에서 상위권이었지', '학급 임원이었지'라는 친구의 능력보단 '내가 물어보면 잘 알려주던 친구였지', '약속을 잘 지키는 친구였지' 같은 태도적인 부분이 더 기억날 거야. 서로의 진심을 알 수 없더라도 태도로 그 사람을 읽게 되는 거야.

프랑스에는 주문하는 말에 따라 커피 가격이 다르게 책정되는 카페가 있다고 해.
"커피." = 7유로
"커피 주세요." = 4.25유로
"안녕하세요. 커피 한 잔 주세요." = 1.4유로
말의 품격에 따라 음료의 가격에 차등을 두니, 확실히 사람들의 말에 품격이 생길 것 같아.

내가 만나는 수많은 사람들은 잠시 스쳐 지나가지만 그 순간에도 상대방을 평가해.
'왜 이상하게 걷지?'
'저 사람은 마스크를 왜 저렇게 끼지? 위험할 텐데.'
'주문하는 말투가 싸가지가 없네.'
나와는 관계없는 사람임에도 순간순간 나도 모르게 그 행동과 말투를 보며 저 사람은 그럴 것이라는 짐작을 하지.

직장에서도 마찬가지야. 생각지도 못한 순간에 예상치도 못한 사람이 너를 판단하지. 업무시간에 인터넷 쇼핑을 한다 든지, 거래처와 통화할 때의 말투와 모습, 업무를 시킬 때 늘 귀찮은 표정, 가래침을 뱉는 행동 등 이런 일상의 사소한 행 동들이 다양한 각도에서 평가받게 돼.

'왜 남들과 똑같이 일하고 열심히 하는데 인정받지 못하 지?'라고 생각한 적이 있다면 당신의 말과 태도를 한 번쯤 되 돌아보면 좋을 것 같아. 혹시라도 내가 그들의 태도와 평가를 만든 것은 아닌지 말이야.

내 친구 중에 약속을 잘 안 지키는 친구가 있었어. 6시에 만나기로 했다면 미리 거리를 계산해서 5시쯤엔 집에서 출발 해야 하는데, 5시부터 씻고 화장하고 옷을 입는 거야. 그때가 돼서야 나갈 준비를 하는 거지. 한 시간 이상 기다리게 한 적 도 많았어.

늦게 도착해서는 웃는 얼굴로 "미안해. 내가 맛있는 거 사 줄게, 화 풀어."라고 말했어. 웃는 얼굴에 침 뱉을 수는 없으 니 그 상황에선 그저 넘어가 주곤 했어.

그런데 이런 일들이 반복되다 보니 그 친구는 약속을 잘 안 지키는 사람으로 인식되어서, 약속 시간을 정해도 그 시간에 맞춰 나가는 게 아니라 그 친구가 출발 준비가 되어 있는지 확인하는 것이 먼저가 돼버렸지. 그리고 그 친구의 만남에 대한 배려가 없는 태도에 신뢰감도 사라져버렸어. 미안하다고 사과하고, 화를 풀어주려고 노력을 하더라도 그 사람의 태도는 나를 존중하는 것 같지 않았으니까.

아마 주변에 이런 사람 한두 명쯤은 있을 거야. 혹은 내가 그런 사람일 수도 있어. 만약 그렇다면 기다리는 사람의 마음을 한번 헤아려봐. '10분 정도쯤이야.'라는 생각 자체가 상대를 배려하지 않는 것이고, 배려 받지 못한 상대는 나를 신뢰하지 못하게 돼.

가벼운 사이라도 더 이상 상대는 나를 만날 이유가 없어질 거야. 그리고 이런 행동이 반복되다 보면 습관으로 자리잡게 되고, 어느 순간 나는 '그런 사람'이 되어 있을 거야.

연예인들의 논란 기사들만 봐도 알 수 있어. 평소 주변 스태프에게 했던 말과 행동으로 존중받지 못했다고 느낀 사람들의 폭로가 '태도 논란 연예인'이라는 제목으로 기사 1면을 장식한 것, 본 적 있지?

이전에 그를 칭송하던 분위기는 온데간데없어지고, 순식간에 인기가 하락해 버렸어. 아무리 연기를 잘하고 노래와 춤이 멋지다고 해도, 말과 태도의 품격이 낮은 사람은 사람들의 사랑을 받지 못하게 돼.

별것 아닐 거라고, 팬들은 모를 거라는 안일한 생각으로 한 사소한 행동들이 치명적인 결과를 불러일으켜 그동안 쌓아온 노력을 물거품으로 만들어버리는 거야.

아리스토텔레스는 "우리가 반복적으로 하는 행동이 곧 우리 자신이다. 그렇다면 탁월함은 행동이 아닌 습관이다."라고 말했어.

즉, 우리가 어떤 사람이 될 것인지는 매일 우리가 어떤 생각과 행동을 습관적으로 하고 있는가에 달려 있고, 습관을 잘 만들어 간다면 우리가 원하는 모습으로도 될 수 있다는 거야.

습관은 자신도 인지하지 못하는 사이에 어떤 행동이나 말을 하는 것이기 때문에 좋지 않은 습관이 만들어지지 않도록 조심해야 해.

나는 어떤 사람이고 싶은지, 한번 가슴에 손을 얹고 생각해 봐. 지금 내 기분에 따라 행동하는 사람이 되고 싶은지, 아니면 또 만나고 싶어지는 사람, 신뢰가 가는 사람이 되고 싶은지. 아마 대부분이 후자일 거라고 생각해.

그런 사람은 멀리 있지 않아. 지금의 행동과 말을 변화시킨다면 어느 순간 '그런 사람'이 되어 있을 거야.

그런 나를 만들기 위해서는 스스로 바른 행동과 마음가짐을 항상 살피는 것이 필요해.

사소한 말과 태도는 쌓이고 쌓여 곧 한 사람이 되고, 사람과 사람을 소통하게 해주는 중요한 도구가 되는 거야. 이 도구를 잘 닦아 길들이고 잘 사용해서 더욱 품격 있는 자신을 만들길 바라.*

말은 한 사람의 입에서 나오지만, 천 사람의 귀로 들어간다.
- 베를린 시청의 문구

나의 길을 밝혀 주고,
항상 인생을 즐거운 마음으로
맞이하도록 나에게
용기를 불어넣어 준 것은
친절과 미(美), 그리고 진리였다.

— 알베르트 아인슈타인

the first time in my life

Lesson 5

인생의 운전대를 잡아라

언젠가 힘든 결정을 해야 하는 순간이 온다면 한 번뿐인 인생을 사는
자신에게 앞으로 어떤 삶을 살고 싶은지 물어봐. 그러면 흐릿하게만 보
였던 앞날이 좀 더 선명하게 보이는 것을 느끼게 될 거야. 그때 그 길을
그저 걸어가면 돼. 묵묵히 걷는 당신의 뒤에서 응원할게.

the first time in my life

언제까지 인생 저당 잡힐래?

당신의 꿈은 뭐야? 하고 싶은 무언가가 있어? 단 한 번뿐인 내 인생. 혹시 여러 번 살 수 있는 것처럼 살고 있지는 않니?

지금까지 남들이 하라는 것, 남들이 좋다는 것만 좇아왔다면 이제 그만 멈출 시간이야. 그런 삶이 어쩌면 편할 수도 있겠지만, 금 같은 시간을 나를 위해서만 살아도 부족한데 남에게 잘 보이기 위해, 남을 위해서 살면 내가 너무 불쌍하잖아.

한 번뿐인 인생 제대로 즐기면서 살았으면 좋겠어. 내 인생의 운전대를 남에게 맡기지 말고, 내가 잡아서 원하는 방향대로 가보는 거야.

나도 직장에서 10년 넘게 수동적인 삶을 살아왔어. 아마 어린 시절 주변 환경과 가정에서의 영향이 컸을 거야. 부모님이 말씀하는 중학교, 고등학교, 대학교를 모두 거역하지 않고 따랐지. 그게 맞다고 생각했고 바른길인 줄로만 알았어.

23살, 무사히 국가고시를 치르고, 졸업 후 집 근처의 보건소로 취업한 것까지 모두 나를 위한 것이 아닌 가족들을 위한 것이었어. 취업했다는 말에 가족들은 너무 좋아했고, 나 자신도 그것이 만족스러운 삶이라고 생각했어.

그렇게 '병원의 실장'을 최대의 목표로만 생각하고 살아왔던 내가 30대 초반이 되었어.

다년간의 노하우와 경험들이 쌓이니까 내가 힘들게 해왔던 병원 업무들을 다른 사람에게 알려주고 싶은 욕망이 생기더라고. 처음에는 병원 내부 직원들을 대상으로 시작했지. 자체 교육을 하고 그들의 성장을 도왔어. 실제로 변화되는 모습을 보니 보람도 생기고 즐거움도 느꼈어.

그러다 보니 점점 욕심이 생겼어. 내가 가장 자신이 있고 잘하는 데스크 업무를 알려주면서 돈도 벌고 싶었어. 어떻게 하면 좋을까 생각하다가 내가 2011년부터 활동하면서 도움을 받았던 치과계 커뮤니티 카페가 생각났어.

나도 그곳에서 도움을 요청하고 배웠던 것처럼, 이 커뮤니티에서 데스크 업무를 배우고 싶다는 사람들을 찾아 만나게 되었고, 퇴근 후에 개인과외 식으로 데스크 업무를 알려주기 시작했어.

퇴근 후에도, 주말에도 온종일 시간을 내어 알려주는 일이 너무 즐거웠어. 그렇게 조금씩 하다 보니 강사가 되고 싶은 마음이 생기더라고.

그동안 나는 강사가 될 것이라고는 한 번도 생각해보지 못했어. 그런데 내 업무를 열심히 하다 보니 노하우가 쌓였고, 그 노하우를 알려주다 보니 가르치는 능력을 얻게 되고, 여기까지 오게 된 거지. 모든 일은 하루아침에 이뤄지는 것이 아니야.

많은 사람이 돈, 부자, 한 달 안에 1000만 원 벌기 등 자극적인 소재에 관심을 두고 오로지 빨리 부자가 되는 방법만 찾는 것 같아.

물론 열심히 하면 빨리 부자가 될 수 있을 거야. 그렇지만 가장 기본은 '부자가 되기 위한 밑거름'을 만드는 거야.

지금 당장 바로 시작할 무언가가 없다면 직장생활을 시작해야 할 거야. 무슨 업무든 내가 회사의 오너라고 생각하고 해야 해. 그래야 문제의 본질을 알 수 있고, 나중에 회사를 나와 창업한다고 하더라도 경험을 바탕으로 실패할 확률을 줄일 수 있어.

또, 처음엔 내가 뭘 잘하는지 뭘 원하는지 잘 모를 수 있기 때문에 회사 생활을 하면서 경험해보는 것도 좋아. 부서를 옮기면서 경험을 쌓으면 그게 결국 내 자산이 되는 거야.

나는 평소 친한 사람과 말하는 것은 좋아했지만 모르는 사람에게는 조금 낯을 가렸어. 그래서 아르바이트를 할 때 모르는 사람에게 친근하게 말을 거는 게 부끄럽고 어려웠어. 잘 모르는 사람에게 살갑게 대하는 게 그리 쉽지만은 않은 일이 잖아.

그랬던 내가 병원에서 일하게 되면서 아버님, 어머님 소리를 자연스럽게 하더라고. 그리고 이곳에서 사람을 상대하고 응대하는 방법, 컴플레인이 발생했을 때 해결하는 방법, 병원끼리 협약을 맺고 계약서를 쓰는 방법, 환자의 마음을 사로잡는 상담법, 병원 업무 스킬 등 많은 것을 배웠어.

물론 좋은 경험만 있었던 건 아니야. 부당하거나 억울한 대우를 받은 적도 많아.

나는 '맞다'라고 생각하면 절대로 의견을 굽히지 않아. 고집이 세고 자존심도 강해서 지고 싶지 않은 마음에 맞대응을 하지. 결국 10번 넘게 퇴사와 이직을 반복하게 되었지.

하지만 이것 또한 내게는 큰 경험이었다는 사실을 최근에서야 깨닫게 되었어. 그때의 경험을 디딤돌로 삼아 지금은 노무, 세무 강의를 하고 칼럼을 쓰고 있거든. 어떤 경험이든 나쁜 경험은 없다는 것을 알게 되었지.

다온C.S.M컴퍼니는 내게 선물과도 같아. 40세를 코앞에 두고 '틀에 박힌 직장을 벗어나고 싶다'라는 생각에 도전한 강사과정이 내 삶을 완전히 바꿔놓았어. 예전엔 데스크 실장이라는 것이 내 일의 전부이자 명예라고 생각했어. 하지만 병원 일이 평생직장이 될 수 없었고, 직장을 벗어나면 나라는 사람은 그냥 아무것도 아니었어.

그동안 큰 병원의 실장으로서 자부심을 느꼈었는데 실장이라는 타이틀을 떼니까 보잘것없는 내 모습을 보니 이렇게 살면 안 되겠다는 생각이 들더라. 그래서 지금은 시간과 돈의 자유를 얻기 위해 차근차근 준비하고 있어.

아직은 완전히 자유롭지는 않아. 개인 브랜딩이 완전하지 않다 보니 직장의 월급에 의존해야 하는 부분도 있어. 그래서 직장 외 시간에 틈틈이 자기 계발을 하고 미래를 위해 생산적인 곳에 투자해야 해서 더 바쁘지만, 마음만은 풍요로워. 진짜 내가 하고 싶은 일을 하니까 너무 행복해.

자유로워지기 위해서는 용기가 필요해. 그 용기가 크지 않아도 돼. 한 걸음 내디딜 정도의 작은 용기면 충분해. 중요한 것은 실행력이야. 그리고 주변의 반대와 걱정을 뿌리치는 힘도 필요해.

나도 오래된 직장을 벗어나 새로운 일에 도전하려고 했을 때 그랬어. 주변에서는 나를 걱정한다고 하는 말이었지만, 사실 나를 위한 말은 아니었어. 어차피 사람은 다른 사람에게 관심이 없어. 관심 있는 척, 걱정되는 척 얘기하지만 결국 내 인생을 대신 살아줄 건 아니잖아.

한 번뿐인 인생 주저할 필요 없어. 내 인생이 달라지는 일인데.

물론 한 번에 이루어지지는 않을 거야. 나 또한 차근차근 밟아나가고 있으니까. 그렇게 노력하면 하나씩 달라지는 것을 느낄 수 있을 거야.

나는 요즘 행복해. 일은 계속해야 하고 몸은 고되지만 내가 그리는 꿈들이 하나씩 보이니까 지금 하는 모든 일이 즐거워.
당신 또한 '도전하길 잘했다'라는 생각을 할 때가 올 거야.

　언젠가 힘든 결정을 해야 하는 순간이 온다면 한 번뿐인 인생을 사는 자신에게 앞으로 어떤 삶을 살고 싶은지 물어봐. 그러면 흐릿하게만 보였던 앞날이 좀 더 선명하게 보이는 것을 느끼게 될 거야. 그때 그 길을 그저 걸어가면 돼. 묵묵히 걷는 당신의 뒤에서 응원할게.＊

인생이 끝날까 두려워하지 마라.
당신의 인생이 시작조차 하지 않을 수 있음을 두려워하라.
- 그레이스 한센

02

나와 다름을 인정할 때 얻는 마음의 평화

인간은 사회적인 동물이라고 하잖아. 정말 딱 맞는 말이지. 우리는 늘 타인과 함께 어울려 살아. 혼자서는 절대 살 수 없지. 그러다 보니 나도 모르게 타인의 시선을 의식하게 되고 '나는 왜 이렇지?', '내가 이상한 거야.'라며 나를 깊은 수렁 속에 밀어 넣기도 해.

학교를 졸업하고 사회에 나가면서 내 생각과 다른 사람을 경험하게 되는 경우가 종종 있을 거야. 나도 일을 하면서 생각의 차이를 느낀 적이 많아.

나는 병원의 데스크를 총괄하는 중간 관리자로서 여러 가지 얽힌 관계나 프로세스를 생각하면서 일을 할 수밖에 없어. 하루는 데스크에서 큰 소리로 환자에게 주의사항을 설명하면 대기실에 앉아 있는 다른 사람들이 듣게 될 수 있기에, 진료실에서 각자 설명하고 나오는 것으로 바꾸는 게 어떻겠냐고 의견을 냈어.

그런데 진료실에서는 "할 일도 많은데 주의사항은 데스크에서 해주세요. 여긴 원래 그렇게 했어요."라며 원래대로 하자는 거야. 너무나도 이기적인 생각에 화가 났어. 환자의 마음은 생각하지 않고 본인의 편안함만 생각하는 것만 같았어.

일을 하다 보면 병원의 잘못이 아니더라도 사과를 해야 할 때가 있어. 환자는 우리 병원의 고객이고, 그 고객이 기분이 나쁘다면 이유를 막론하고 그의 마음을 어루만져줘야 한다고 생각해. 그래서 "환자분 죄송합니다."라고 늘 먼저 말을 했는데 어느새 그 말이 습관처럼 되었어.

그런 내게 다른 직원들이 "왜 별일도 아닌데 사과를 하세요? 오히려 사과하면 환자분이 더 기세등등해지는 거 아니에요?"라고 하는 거야. 병원을 위해서 한 말과 행동들이었는데 그렇게 받아들이다니 기분이 좋지는 않았어.

하지만 사람마다 인생관과 가치관이 다르고, 내 생각과도 다를 수 있다고 생각했어. 그래서 나는 그들을 설득하기 위해서 이렇게 해야 하는 이유에 대해 설명하고 대화하려고 노력했어. 나와 생각이 다르다고 해서 그 사람의 생각이나 의견이 틀린 것은 아니니까.

"이 종이 한 장을 만들기 위해 얼마나 많은 분이 애쓰셨을까?"

"야야. 그거 찢어버려."

2009년도 TV 프로그램 〈무한도전〉 '정신감정 특집' 편에서 유재석과 박명수가 한 말이야. 두 사람은 같은 종이를 보면서도 이렇게 다른 반응을 나타냈지.

그 당시 정신과 의사인 송형석이 둘의 대화를 듣고 두 사람이 어떻게 다른지, 왜 다른지를 설명해줬어. 유재석은 다른 사람들을 의식하는 사람이고, 박명수는 그 가치를 크게 생각하지 않는 사람이었어.

이렇게 같은 사물이나 상황을 보더라도 사람마다 다르게 느낄 수 있어. 박명수가 틀린 것이 아니고, 그저 생각하는 방향과 성향이 다를 뿐이야.

학교를 졸업하고 사회에 나가면서 나오는 다른 환경에서

자란 사람들을 많이 만나게 돼. 그들 각자 모두 자신만의 꿈을 꾸고, 자신만의 인생 가치관을 세우고 살아가. 그런데 가끔 자기 생각과 다르다고 다른 사람의 의견을 비하하거나 무시를 하는 경우가 있어. 의견이 서로 다르다면 서로 조율을 하거나 이해해보려고 노력하는 것이 아니라 무턱대고 비난하는 것은 좋지 않아. 그 사람을 위해서도, 또 나를 위해서도 말이야.

직장 관계에서나 연인 관계에서도 마찬가지야. 서로 배려해주려고 했던 행동에서도 각자 다른 생각으로 오해를 하는 상황도 생겨.

예를 들면 후배가 하는 업무가 버거워 보여서 힘듦을 덜어주고 싶어 도와주려고 한 것인데, 후배는 '내가 못 미더운가?'라고 생각할 수도 있어. 상대를 생각하지 않는 자신만의 배려가 오히려 오해를 부르게 되는 거지.

인생을 살아가면서 나와 같은 마음, 같은 생각을 하는 사람들을 만나기는 어려워. 비슷한 생각은 있을 수 있지만 그 이유나 동기까지 완벽히 같은 사람은 없어. 우린 모두 다르니까. 그러니 '상대방이 틀렸어'라는 생각보다 '나와 다를 수 있다'고 받아들이는 자세가 필요해.

서로 오해의 상황을 만들지 않기 위해서는 대화를 많이 해 보는 것이 좋아. 후배의 업무가 버거워 보였다면 먼저 "일이 많이 힘들지 않아? 너무 힘들면 내가 도울 테니 언제든지 말해줘."라고 자기 생각을 명확하게 전달하는 거야. 그럼 후배도 '아, 나를 생각해서 도와주려는 거구나.'라고 생각할 수 있겠지.

직장생활을 오래 하다 보면 나만의 노하우나, 나만의 일하는 방식이 생기는 경우가 있을 거야. 그게 나한테는 가장 편한 방법이자 맞는 방법이라고 생각하게 돼. 그런데 그게 고착화되면 누군가가 "이건 이렇게 하면 더 좋아."라고 말하는 것이 간섭이라고 느껴질 수가 있어.

나 또한 그랬던 적이 있어. 내가 하는 방식이 맞는데 알지도 못하는 사람이 잔소리한다고 생각했었지. 그랬던 내가 생각을 바꿔보기 시작한 거야. 다른 사람의 말하는 방식도 나름의 이유가 있을 테니까. 하나씩 받아들이고 보니 더 나은 방법, 더 좋은 방식들도 있다는 것을 알았어. 무조건 내 방식만 고집한다고 해서 좋은 것이 아니라는 것도 느끼게 되었지.

연인 사이에서는 더 사소한 일로도 싸움이 나기도 해. 나는 치약을 짜 쓰는 방법으로 다투기도 했어. 남자친구는 밑에서부터 쭉 올려서 사용하고, 나는 위에만 눌러서 쓰다가 치약이 위쪽에 없을 때 아래쪽의 치약을 올려서 사용했어. 이건 각자의 성향 차이일 뿐인데도 처음에는 "너는 치약을 왜 그렇게 써?", "어떻게 쓰든 쓰기만 하면 되지 뭐가 문제야!"라고 말다툼이 일어나기도 했었어.

사실 치약을 어떻게 쓰든 그건 큰 문제가 아니야. 그저, '네 말이 맞아'라고 인정해주길 바랐던 것이지. 그 기대감이 무너지니까 나를 지키기 위해 더 큰 소리로 화를 내게 되는 거야. 그런데 그건 자존심이 아니야. 자존감은 더더욱 아니지. '편견'이고 '아집'이야. 서로를 이해하는 마음이 바탕에 없으면 해결 없이 감정만 소모될 뿐이야.

그렇게 싸웠던 우리였지만 시간이 지나면서 서로의 성향을 인정하고 받아들이게 되니까 더 이상의 다툼은 일어나지 않았어. 마음의 평화도 찾을 수 있었어.

다른 사람을 온전히 이해하는 것은 어려운 일이라고 생각해. 이해할 수 있는 만큼 이해하고, 이해하는 것이 힘들다면 '서로 다를 수 있다'는 것만이라도 인정하면 돼.

굳이 세상의 모든 상황을 이해하려 애쓰지 않아도 괜찮아.

다만 이해하지 못한다고 해서 간섭하거나 충고하려 하지는 마. '이 사람의 생각은 이렇구나.'라고 다름을 인정하고 온전히 받아들일 때 한층 더 성장하고 빛나는 나를 발견할 수 있을 거야.*

우리가 중대한 일에 대해 침묵하는 순간,
우리의 삶은 종말을 고하기 시작한다.
- 마틴 루터 킹

the first time in my life

평생 가는 직업은 없어

우리는 과거로부터 다양한 산업혁명을 거치고 이제 4차 산업혁명을 맞이하게 되었어. 몇 년 전부터 4차산업이 도래하게 될 것이라는 이야기는 자주 들어서 어렴풋이 알고는 있었지만, 코로나19로 인해 생활 속 깊숙이 들어오게 된 것을 많이 체감하게 되었어.

4차 산업혁명이란 뭘까? 바로 다양한 정보 통신 기술이 융합되어서 이루어진 차세대 산업혁명을 말해. 이 4차 산업혁명과 맞물려 코로나19가 발생하면서 가장 많이 변화가 온 것 중 하나가 바로 업무의 형태야. 모든 것을 온라인으로 하게 되었어. 미팅, 수업, 회사 업무뿐 아니라 새로운 온라인 사업도 생기고 있어. 그리고 그 변화는 아주 빠르게 우리 생활에 침투했어.

물론 이전부터 물건을 조립하거나 포장하는 등 손으로 하는 단순 업무들은 로봇으로 대체해 왔고, 3D 프린터, 다양한 기능조작이 가능한 LCD 화면이 부착된 냉장고, 병원업무를 돕는 왓슨 로봇, 각 분야별 로봇 등 많은 곳에서 변화는 일어나고 있었어. 지금은 그 빠르기가 상상을 초월할 정도지만 말이야.

이렇게 빠르게 변화하는 4차 산업혁명 시대에 우리는 살고 있지. 우리는 인공지능으로 대체되어 사라지는 직업들과 새롭게 생겨나는 직업들을 생각해 볼 수밖에 없어.

나는 치과위생사 일을 시작한 지 15년 차가 되었고, 아직 병원 일도 같이 하고 있지만, 이 직업도 곧 사라질 직업이라고 해. 코로나19로 인해 4차 산업혁명이 더 빠르게 다가왔고, 기존의 직업들도 더 빨리 사라질 수도 있어.

이런 상황에서 살아남기 위해서는 지금까지 해왔던 '직업을 위한 공부'가 아닌 '진짜 공부'를 해야 해. 사라질지도 모르는 직업을 위해 공부하는 건 시간낭비일 뿐이야. 언제 어떻게 바

뛰어도 바로 적용할 수 있는 단단한 나를 키워야 해.

'진짜 공부'란 뭘까? 어떻게 해야 진짜 공부가 될 수 있을까? 여기에 답을 하기 전에 우선 나는 어떤 것을 좋아하는지, 어떤 일을 할 때 즐거움을 느끼는지 생각해보자. 그걸 찾는다면 어렵지 않게 진짜 공부를 시작할 수 있을 거야.

나는 예전부터 다른 사람에게 내가 겪었던 좋은 경험, 좋은 정보를 알려주는 것을 좋아했어. 직장생활을 시작하면서부터는 내가 체득한 업무의 노하우 등을 알려주고 가르쳐주는 걸 좋아했고 말이야. 그런 부분들이 점차 쌓이다 보니 강사라는 직업에 관심이 생겼어.

물론 처음부터 강사 생활을 시작하진 못했고, 3년 정도의 방황기도 있었지만 많은 시간을 돌고 돌아 2019년도에 나의 지식과 정보들을 알려줄 수 있는 병원 전문 강사가 되었어.

강사가 되면 끝인 줄 알았는데 계속해서 공부하고 더 많은 것들을 알아야만 했어. 고인 물은 썩기 마련이니까. 그렇게 강의 자료를 만들고, 중간 관리자로서 병원 내부 시스템도 재정비하다 보니 내 부족한 부분이 조금씩 보였어.

아는 만큼 보인다는 말이 이해가 되었어. 몰랐을 때는 그저 내 지식과 노하우를 알려주는 것에만 머물러 있었다면 알면 알수록 좀 더 배워서 수강생들에게도, 직원들에게도 양질의 내용을 전달하고 싶었어.

그래서 병원 컨설턴트 과정에 참여해서 병원 내부 시스템 구축과 조직관리에 대해 더 깊이 있게 배웠어. 정말 배움이란 건 끝이 없는 것 같아. 배우면 배울수록 목이 말라서 자꾸만 갈급하게 되더라고.

2020년도엔 4차 산업혁명과 코로나19에 대한 내용을 다룬 《리부트》, 《포노사피엔스》 같은 책을 접하면서 '내가 그동안 시대 흐름을 느끼지 못하고 있었구나.'라는 것을 깨달았어. 그래서 시대의 흐름에 뒤처지지 않기 위해 블로그와 인스타에 발을 담그고 나만의 브랜딩을 구축하기 시작했어. 블로그에 글을 쓰다 보니 좀 더 글을 잘 쓰고 싶은 마음에 이렇게 글쓰기까지 시작하게 되었어.

책의 영향도 있었지만 이미 앞서나가고 있는 사람들을 보면서 더 많은 자극과 깨달음을 얻고 새로운 경험에도 도전했어.

예전부터 관심 있던 미술 심리학을, 코칭이나 컨설팅에 접목하면 좋겠다는 생각을 하고 있었는데, 마침 컬러테라피라는 것을 알게 된 거야. 당장 수강신청해서 들었지. 내가 생각한 코칭과 컨설팅에 한 발자국 더 다가간 기분이야.

이 모든 것의 시작이 처음에는 그저 하나의 점이었지만 연결이 되어 지금의 내 모습이 되었어. 그리고 지금 내가 찍는 점들 또한 미래의 내 모습으로 연결되겠지. 이게 '진짜 공부'라고 생각해.

현재에도 있지만, 미래에도 계속 유지될 직업은 '휴먼터치' 산업이라고 해. 인간관계의 조정이나 가치를 다루는 일이야. 사람의 심리나 가치를 다루는 일은 기계가 대신할 수 없거든. 결과와 효율, 생산성에 가치를 두는 것이 아니라 이해와 공감에 바탕을 두기 때문이야.

아무리 시대가 변해도 절대 대체할 수 없는 것이 문화 예술 분야, 심리 상담 분야야. 내가 하고 있는 일에 접목시킨다면 강력한 무기를 갖게 되는 거야.

급변하는 시대에는 할 수 있다는 도전의식과, 어떤 일에도 흔들리지 않는 자존감, 사람의 마음을 터치하는 공감 능력이 뛰어난 사람들이 더 앞서 나아갈 수 있어. 그리고 추진력도 필요해. 결정한 건 바로 시행해야 기회를 놓치지 않아.

보통 사람들은 오늘은 무엇을 먹을지, 자장면을 먹을지 짬뽕을 먹을지 늘 고민하고 선택을 해. 간단한 문제들도 결정 내리는 게 쉽지 않을 때가 많아. 그런데 망설임 없이 내가 하고자 하는 방향을 결정하고 추진하는 것은 자기 자신에 대한 확신이 있어서 가능한 거야.

만약 자존감이 바닥을 치고 자신의 한계에 스스로 선을 긋고 있다면 꼭 말해주고 싶은 게 있어. 자신의 한계를 정하지 마. 그리고 무엇을 시작하려 할 때 할 수 없을 것 같다고 망설이지 마. 그게 변화의 시작이고, 다가오는 새로운 시대에 적응할 수 있는 긍정의 힘이야.

I know You can do it.*

the first time in my life

내 인생의 운전대는 내가 잡아야 한다

/

/

/

서울에서 첫 직장생활을 하고 1년 정도가 지났을 때, 어느 정도 업무는 다 익혔지만, 개인적인 진료 스킬은 좀처럼 나아지지 않았어. 원장님은 내가 신입이자 막내여서 불안했는지 환자 엑스레이 찍을 때도 들어와서 확인하고, 환자 치아 본에 석고를 부을 때도 따라 들어오고, 진료할 때도 시작 전부터 '빨리빨리'를 외치셨어. 그래서 진료업무를 할 때마다 심장이 뛰고 손이 떨렸지. 마음의 여유가 없으니까 조급증이 생겨버린 거야. 긴장감이 가득한 채 일하다 보니 실수도 생기고 일도 재미가 없었어. 이런 일이 반복되다 보니 진료가 적성에

안 맞는 것만 같았어.

그래도 다행히 내 적성을 찾았지. 환자 응대와 상담업무가 재미있더라고. 그래서 데스크 실장이 되기로 마음먹고 6개월 간 환자 응대를 하면서 역량을 키워나갔어. 그리고 6개월이 된 그날, 사표를 던지고 다른 병원 데스크 실장으로 이직을 했어.

이직한 병원은 천국이었어. 원장님은 이전 원장님과 달리 다그치지 않았어. 실장이 처음이라 실수를 하더라도 괜찮다 며 다독여주고 "저랑 같이 다시 해봅시다."라며 오히려 나를 위로해주었어. 공부하라며 여러 세미나도 지원해주셨지. 감사한 마음에 정말 열심히 배웠어.

그러던 중 진료실이 너무 바빠서 진료업무를 도와주는데 내 진료 실력이 이전과 달리 오히려 업그레이드 된 거야. 포지션이 데스크 실장이라 진료 일은 거의 하지 않았기에 스킬이 녹슬었을 거라 생각했는데 오히려 늘다니, 정말 깜짝 놀랐어. 왜 그럴까 생각해보니 쉽게 답을 찾을 수 있었어. 바로 마음의 여유가 생겼기 때문이었어. 이전 직장에서는 '빨리빨리'를 외치다 보니 조급한 마음에 잘할 수 있던 일도 더 못하게 되었던 거야.

그때 좀 더 마음의 여유를 가졌더라면 잘할 수 있지 않았을까? 마음 상태에 따라 업무 능력도 향상될 수 있다는 것이 신기했어. 멘탈의 중요성을 제대로 알게 된 계기였어.

미국 대학 농구 역사상 가장 훌륭한 감독 중 한 명인 '밥나이트'는 "농구는 정신적인 부분이 75%이고, 신체적인 부분이 25%이다."라고 말했어. 그만큼 멘탈이 중요하는 이야기야.

그러나 한 번에 멘탈의 변화가 이루어지는 건 쉽지 않아. 특히 스스로 하는 자발적 변화는 아무리 마음을 다잡고 시작해도 오래가기 어려워. 우리 신체는 항상성을 유지하려고 하기 때문에 아무리 마음을 단단하게 먹어도 원래의 안정된 상태를 유지하려고 해. 신년마다 아무리 '올해는 꼭 영어공부해야지', '다이어트 해야지' 다짐을 해도 작심삼일이 되는 이유가 여기에 있는 거야.

이런 항상성의 원리를 알고 잘 컨트롤 하기 위해서는 서로 독려해주고 함께할 수 있는 사람이나 유능한 코치를 옆에 두어야 해. 자꾸만 예전으로 돌아가려고 하면 옆에서 채찍질하면서 일깨워줄 사람이 필요하거든. 서로 채찍질하며 느슨해지려는 마음을 다잡을 수 있어.

30대 초반에 무언가 제대로 해봐야겠다는 생각이 들어서 이것저것 알아봤었어. 강사가 되고 싶은 마음에 강사과정도 알아보았지. 그런데 마음처럼 쉽지 않더라고. 결국 알아만 보다가 아직 때가 아닌 것 같아서 덮어뒀었어.

그러다 30대 중반이 돼서 우연한 기회에 다온C.M.S컴퍼니를 알게 되었어. '이건 절대 놓치면 안 돼.'라는 생각에 강사과정을 수료하고 강사가 될 수 있었지. 기획 강의를 시작으로 대표님과 이사님, 강사님들의 조언과 격려를 양분 삼아 여러 강의 콘텐츠를 개발했고 지금도 현재 진행 중이야.

그런데 더 성장해야 할 이 타이밍에 자꾸 나태해지는 거야. 안 해도 될 이유를 찾고, 계획은 세워놨는데 자꾸만 미루게 되더라고. 그래서 마음 맞는 강사들과 매일 아침 1인 회사에 출퇴근하기로 했어.

아침 9시에 컴퓨터를 켜고 강사님들에게 "저 출근했습니다. 오늘 제 할 일은 ○○○입니다."라고 얘기하고 일을 시작하는 거야. 그리고 저녁 6시가 되면 퇴근을 해. 퇴근할 때도 "이제 퇴근합니다. 오늘 ○○○, ○○○ 하기로 했는데 그중에서 ○○○는 반 정도 했고 ○○○는 완료했습니다."라며 보고를 했지. 그러면 서로서로 계획한 만큼 한 일에 대해 격려를 해주고 힘도 주었어. 그러다 보니 나태함은 줄고 열심히 하게 되더라고.

주변에 같이 격려해줄 사람이 없다면 스스로 만들어보는 것도 좋아. 블로그나 SNS에 '함께 매일 달리기 도전할 사람', '매일 책 읽기 도전할 사람', '새벽기상 같이 할 사람' 하며 글을 올려서 모집하는 거야. 자발적인 모임이라 훨씬 참여도가 높아.

혹은 카카오톡의 '100일 프로젝트'를 활용해도 좋아. 100일 동안 각자 얼마간의 돈을 내고 도전을 하는 거야. 도전에 실패하면 매일 100원씩 깎여나가서 실패하면 내게 돌아오는 돈은 얼마 남지 않게 돼. 말하자면 그 돈은 내가 열심히 하겠다는 의지의 표현인 것이지. 하고자 하는 마음만 있다면 방법은 많이 있어.

무엇보다 자신을 믿는 것이 중요해. 내적으로 더욱 단단해지고 싶다면 감사 일기를 써봐. 정말 간단하게 감사했던 일들을 세 가지 정도 매일 적어보는 거야. 감사한 일을 쓰면 쓸수록 어떤 일이 일어나도 겸허하게 받아들일 수 있게 돼.

또 '오늘은 또 어떤 감사한 것을 적을까?'라는 생각으로 그날 하루를 더 즐겁게 보낼 수 있어. 그렇게 생각이 긍정적으로 바뀌게 되면 주위에 긍정적인 사람들이 모이기 시작해. 내 마음가짐과 생각이 바뀌면 상황도 바뀌게 돼. 좋은 마음가짐은 나를 더 좋은 방향으로 이끌어줄 거야.

당신에게 꼭 해주고 싶은 말이 있어.

"당신은 잘할 수 있어. 당신은 잘 해낼 거야. 언제나 당신을 믿고 응원할게."*

여러분이 할 수 있는 가장 큰 모험은
바로 여러분이 꿈꿔오던 삶을 사는 것입니다.
- 오프라 윈프리